활·용·편·총·정·리

룰루랄라

계이름공부

12권·총정리

아름다운음악아름다운인생

아름출판사

머리말

 어린이들이 피아노를 처음 배울 때 기본적이면서도 매우 중요한
공부가 계이름 익히기 입니다.
그러나 계이름이라는 제한된 범위 안에서 이루어지는 단순한 반복
학습이다 보니 어린이들의 피아노 학습 효과의 저하는 물론,
피아노에 대한 흥미마저 잃게하는 한 요인이 되기도 합니다.

이에 계이름을 재미있게 이해하며 익힐 수 있도록 쉽고 체계적으로
구성한 교재가 룰루랄라 계이름 공부 입니다.
본 교재는 어린이 혼자서도 공부할 수 있으며 각 페이지마다
기초 이론을 반복 학습하도록 하여 계이름은 물론 기초 음악이론도
자연스럽게 익힐 수 있도록 하였습니다.

룰루랄라 계이름 공부가 어린이들의 피아노 연주 능력 향상에 기초가 되고
지도하시는 선생님의 번거로움을 덜어 드리는데 도움이 되기를 기대합니다.

이 책의 구성

룰루랄라 계이름 공부는
바이엘 과정에 맞추어 3단계 12권으로 구성하였습니다.

기초편
1단계

1 · 2 · 3권
• 기초적인 계이름
• 기초 음악이론

4권 : 기초편 마무리

초급편
2단계

5 · 6 · 7권
• 기초편을 바탕으로
음역을 넓힌 계이름
• 기초 음악이론

8권 : 초급편 마무리

활용편
3단계

9 · 10 · 11권
• 기초 · 초급편을 바탕
으로 수준 높은 계이름
• 기초 음악이론

12권 : 활용편 마무리

12권(활용편 총정리)의 구성

● 여러가지 장음계, 조표와 조이름

● 각 장조의 이동도법 계이름과 고정도법 계이름 읽기 연습

● 장3화음과 단3화음 연습, 코드 연습, 딸림7화음 연습, 각 장조의 주요3화음과
딸림7화음, 화음기호 연습

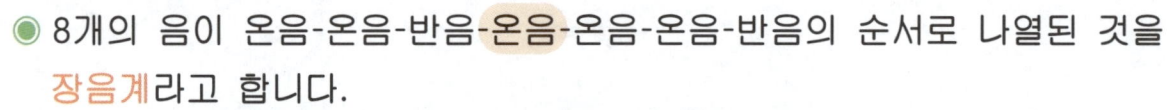

● 8개의 음이 온음-온음-반음-온음-온음-온음-반음의 순서로 나열된 것을
장음계라고 합니다.

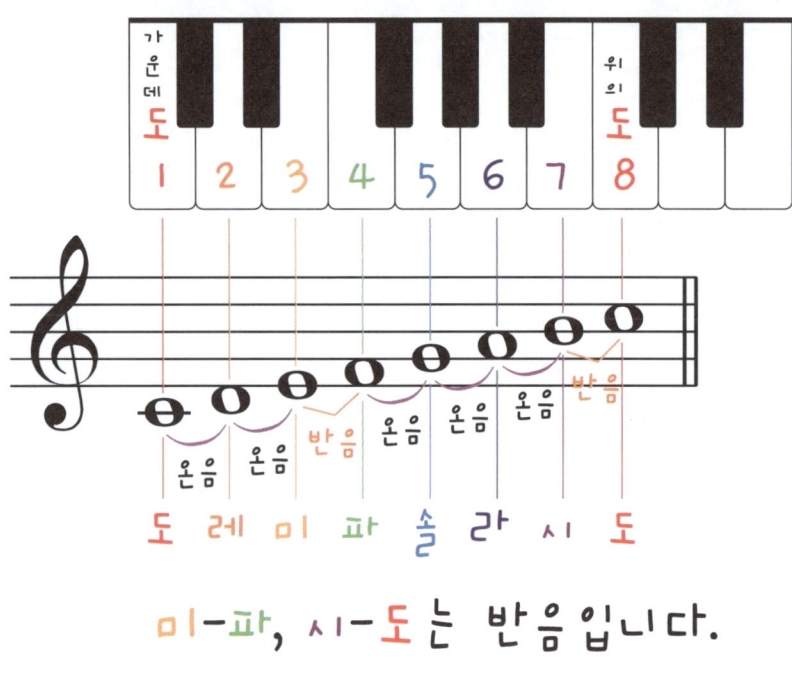

음계를 따라서 그리고 온음은 ⌣ , 반음은 ⌄ 로 표시해 보세요.

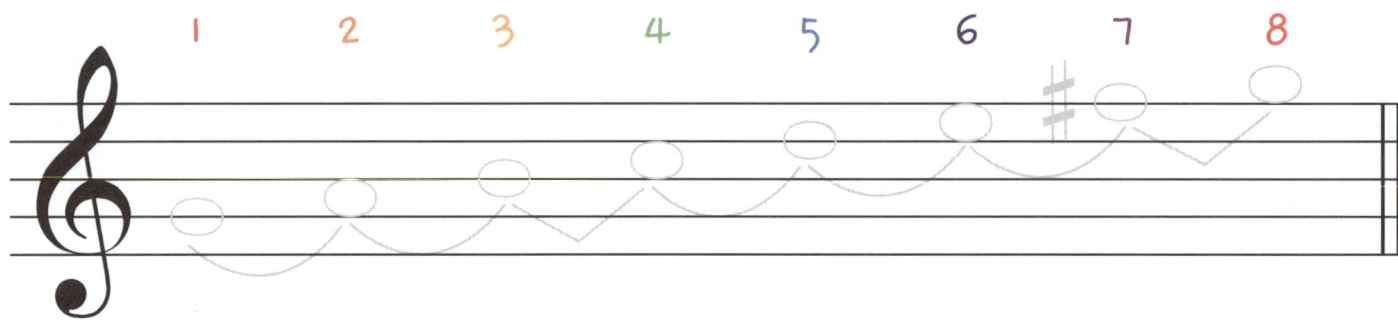

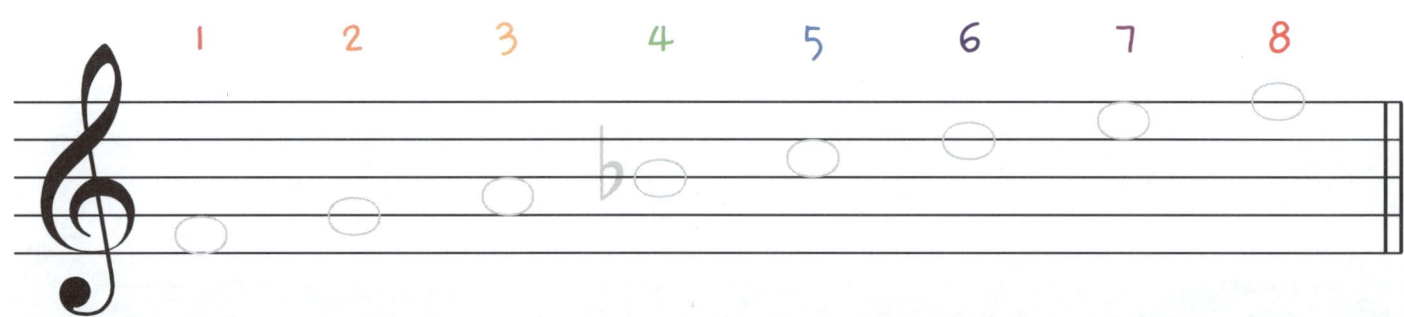

룰루랄라 계이름 공부 활용편 총정리~~

확인

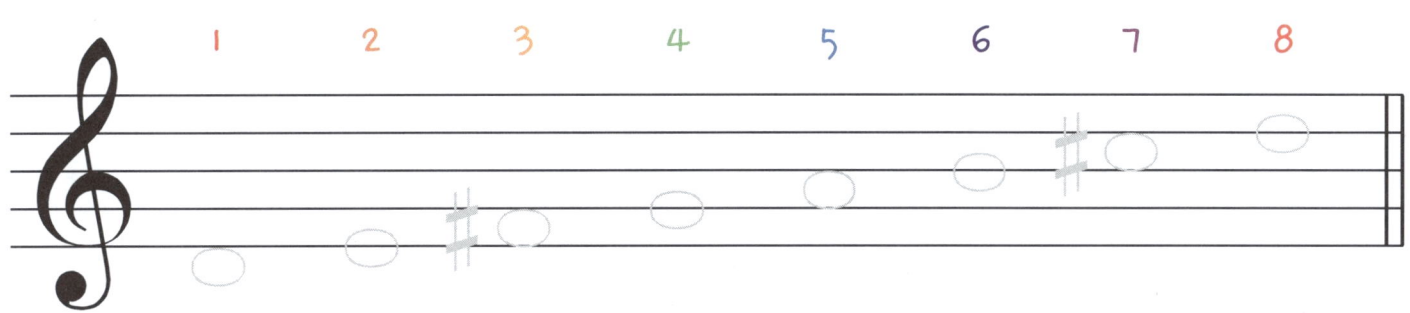

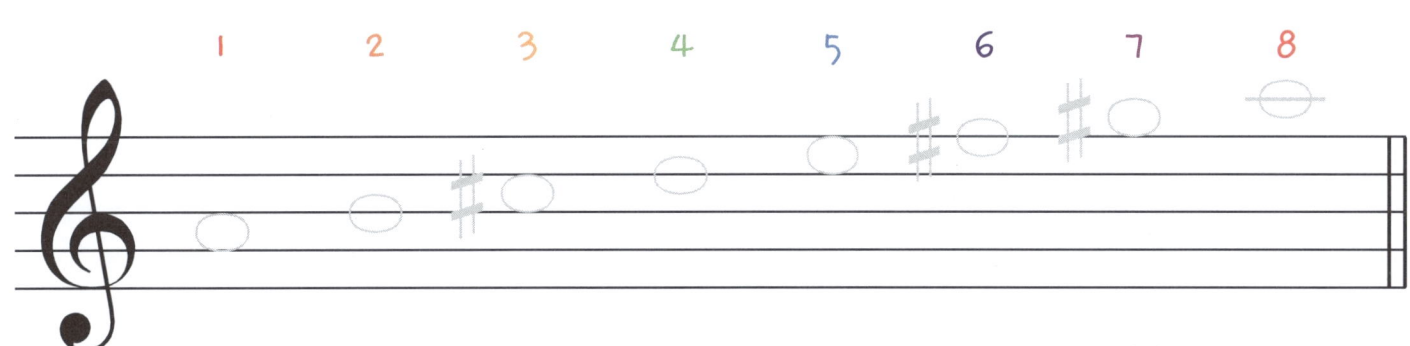

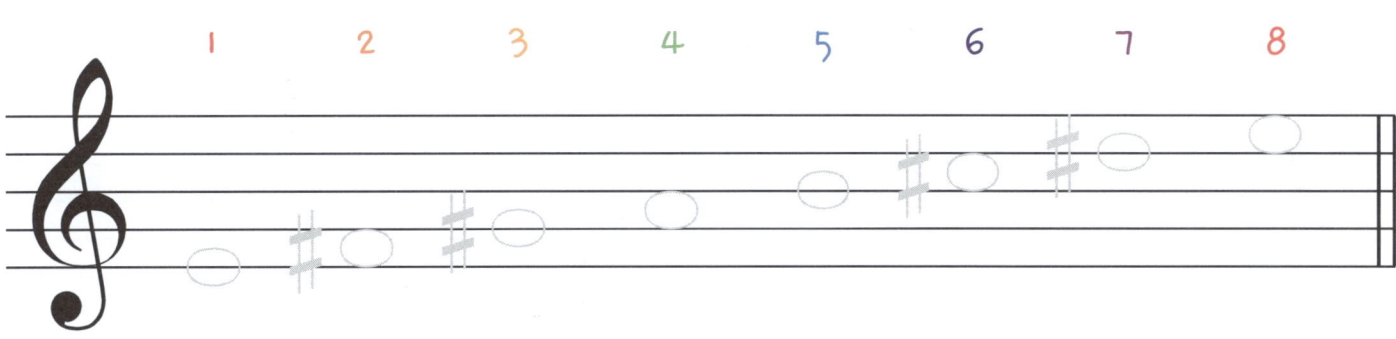

룰루랄라
계이름 공부

● 낮은음자리보표에서의 **장음계**를 잘 확인하세요.

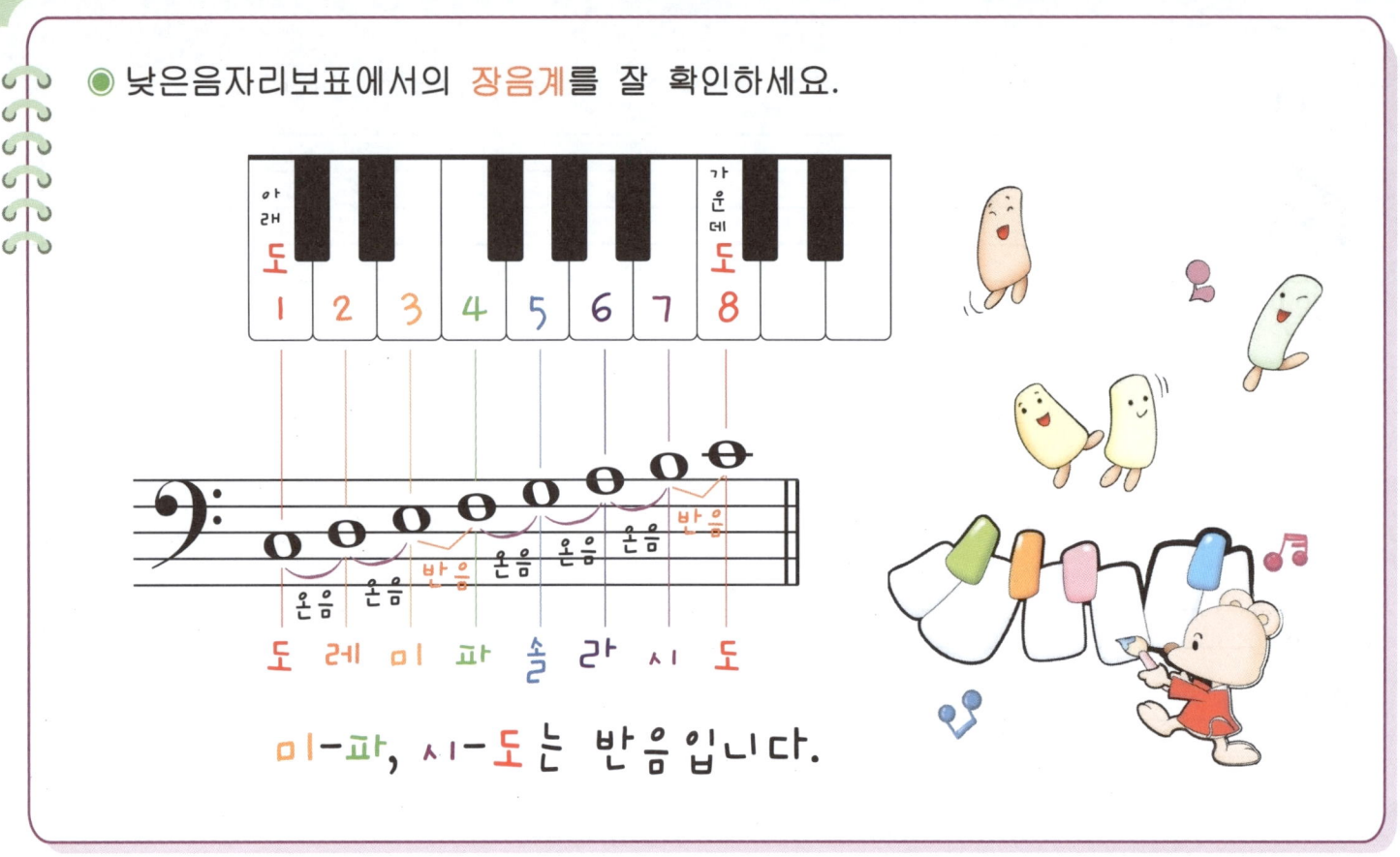

미-파, 시-도는 반음입니다.

음계를 따라서 그리고 온음은 〰 , 반음은 〰 로 표시해 보세요.

| 1 | 2 | 3 | 4 | 5 | 6 | 7 | 8 |

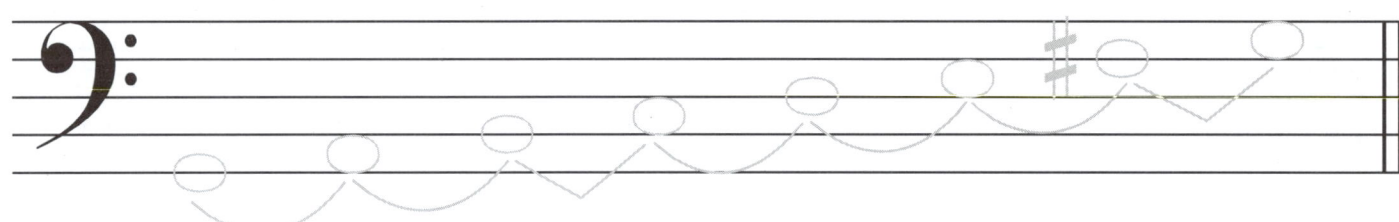

| 1 | 2 | 3 | 4 | 5 | 6 | 7 | 8 |

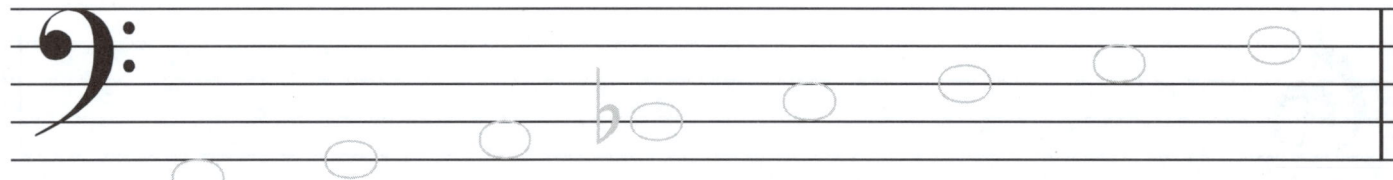

롤루랄라 계이름 공부 활용편 총정리~~

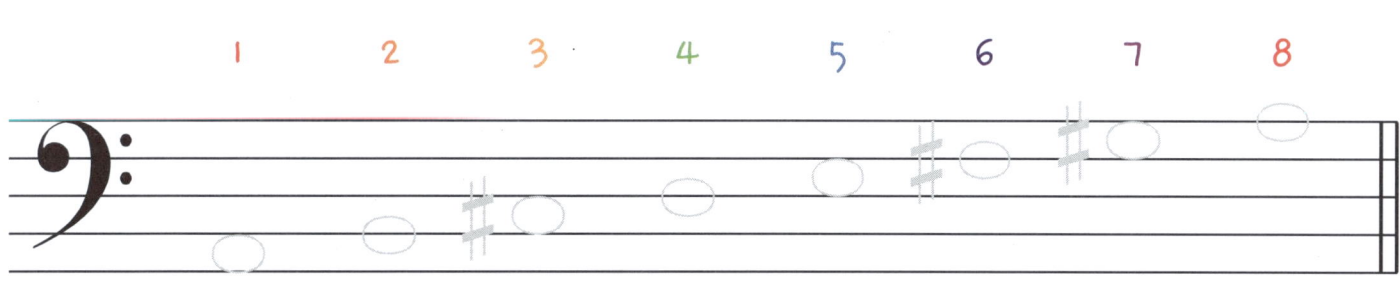

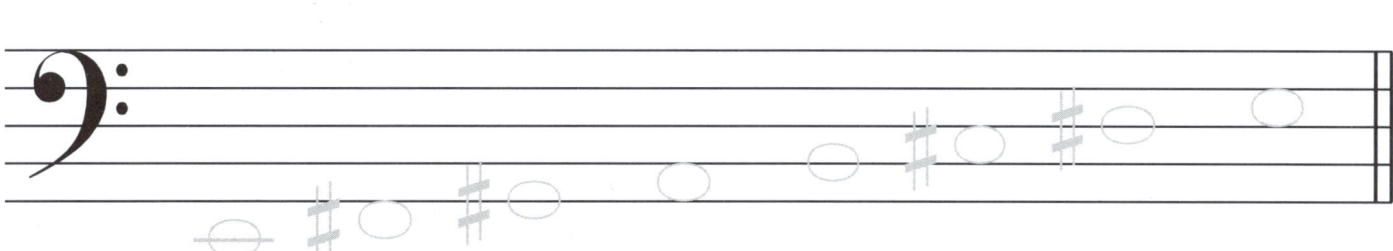

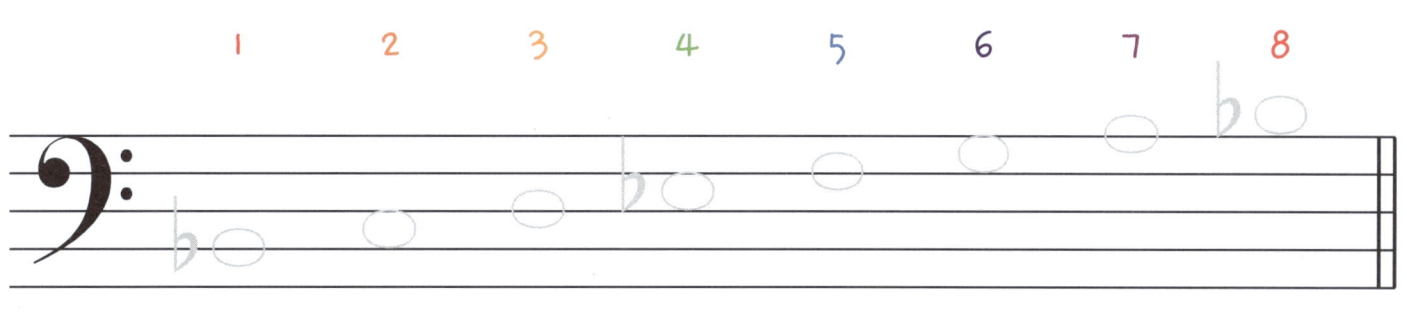

룰루랄라
계이름 공부

 월 일

● 음계를 만들 때 나오는 임시표(♯, ♭)를 음자리표 옆에 쓴 것을 조표라고 합니다.

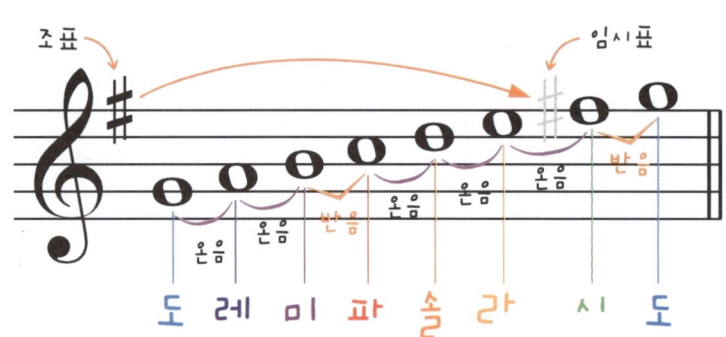

조표를 따라서 그리고 조표가 붙는 순서를 계이름으로 써 보세요.

파도솔레

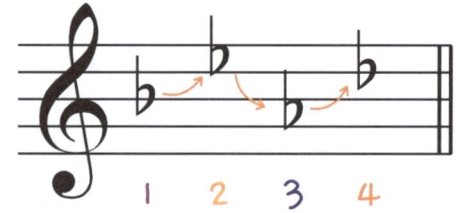

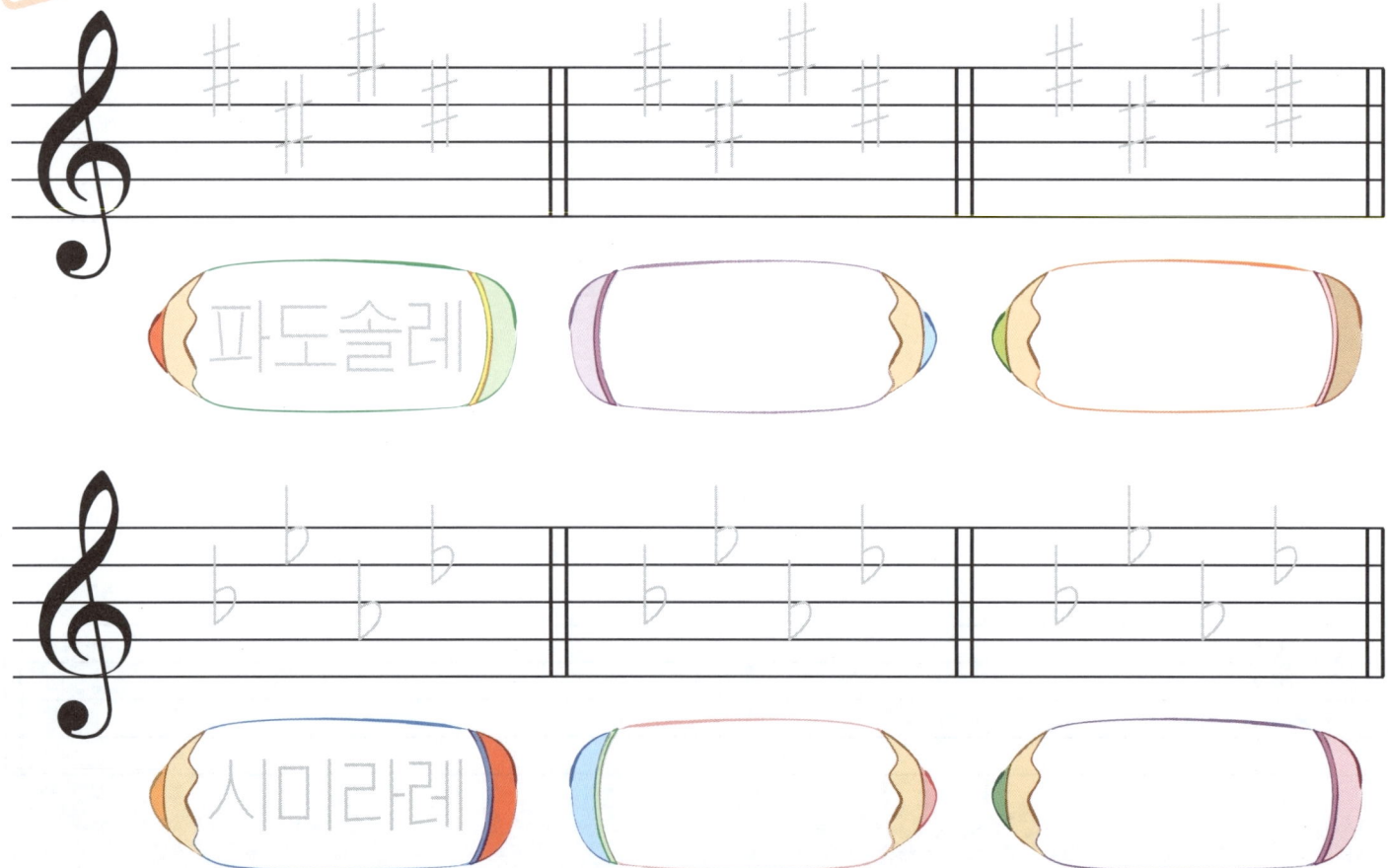

시미라레

● 조표가 붙는 위치와 순서를 낮은음자리보표에서도 잘 확인하세요.

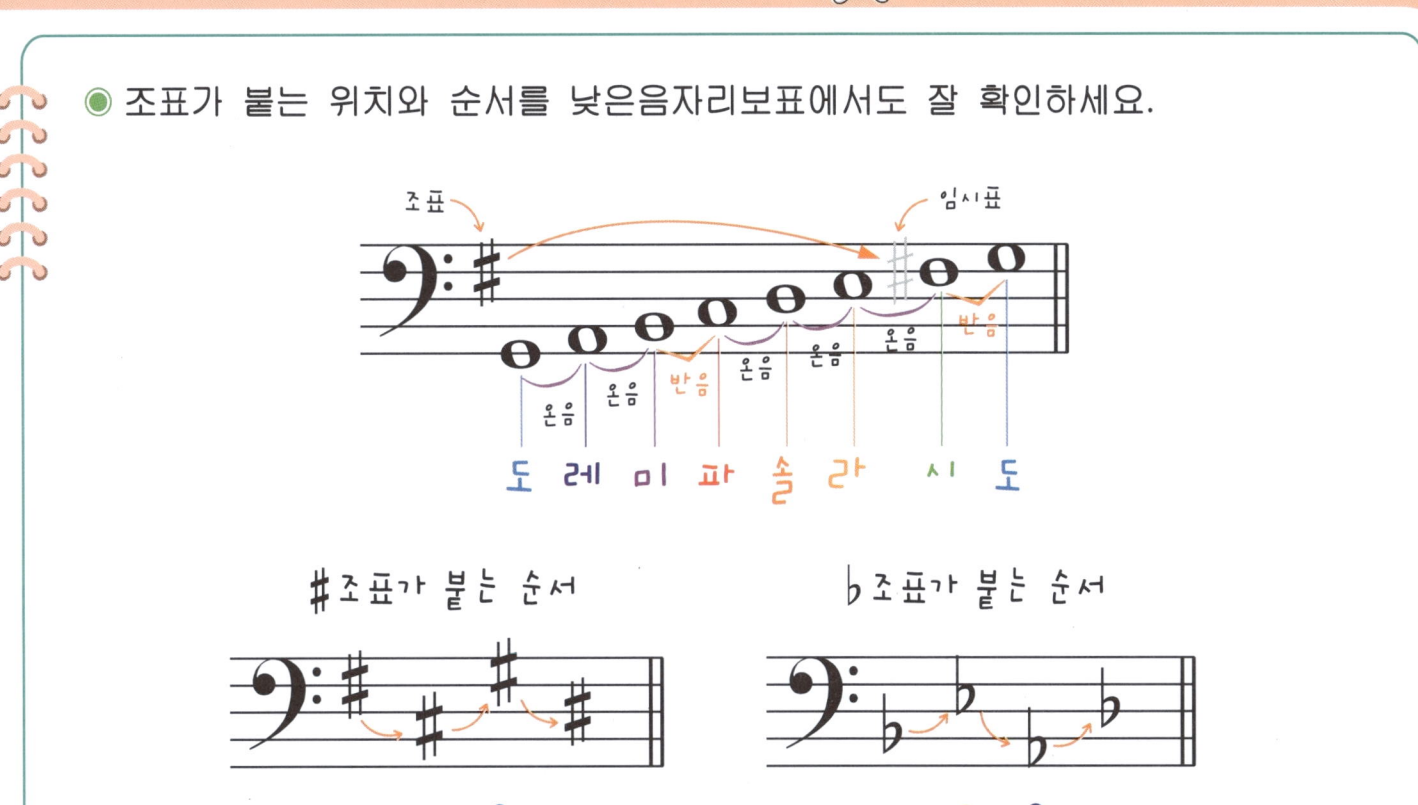

조표를 따라서 그리고 조표가 붙는 순서를 계이름으로 써 보세요.

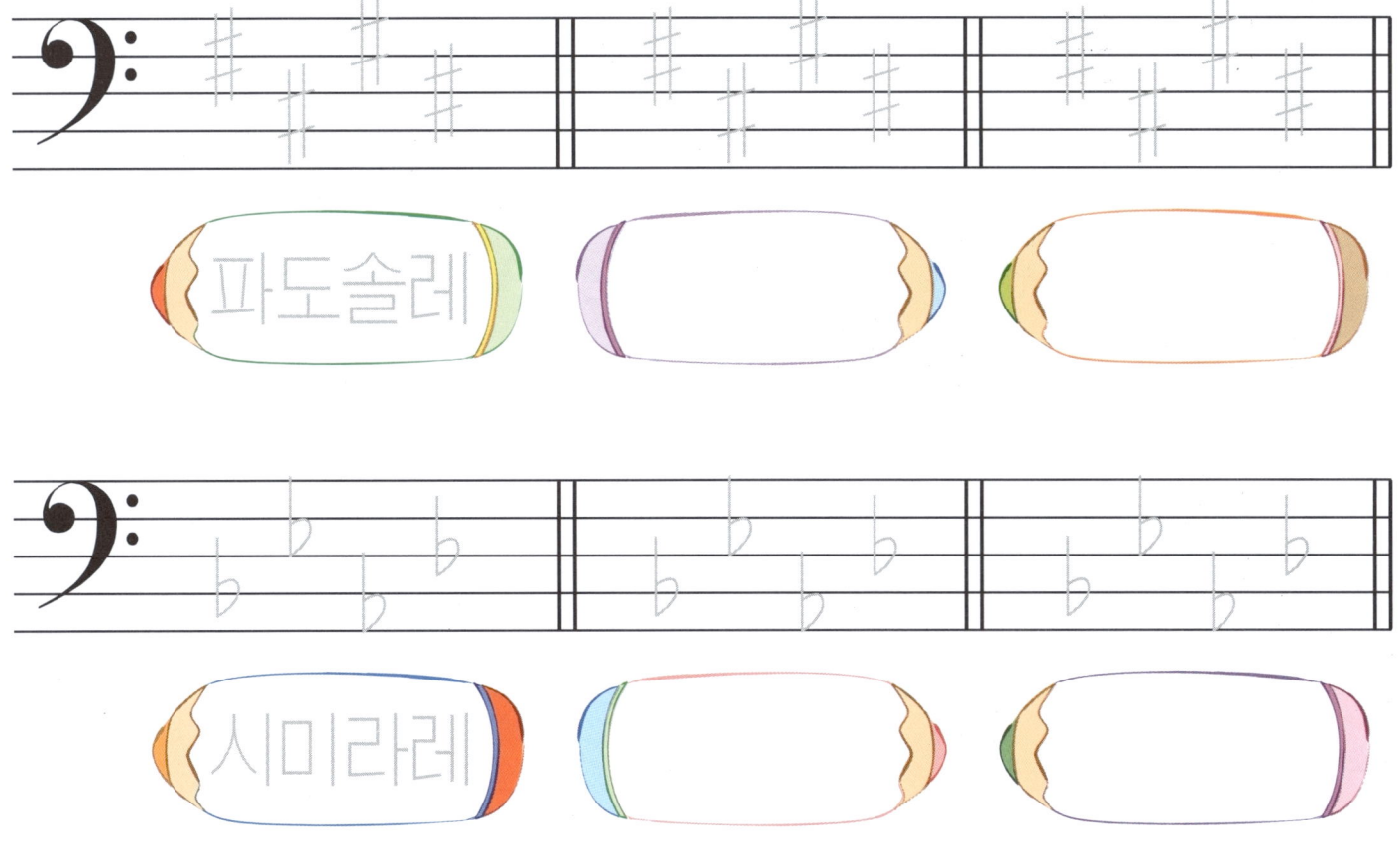

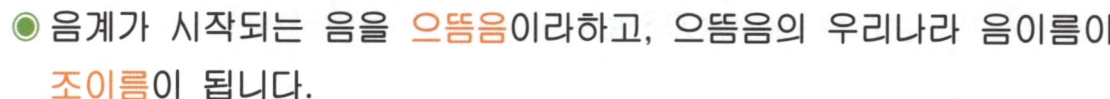

롤루랄 라
계이름 공부

월   일

● 음계가 시작되는 음을 **으뜸음**이라하고, 으뜸음의 우리나라 음이름이
   조이름이 됩니다.

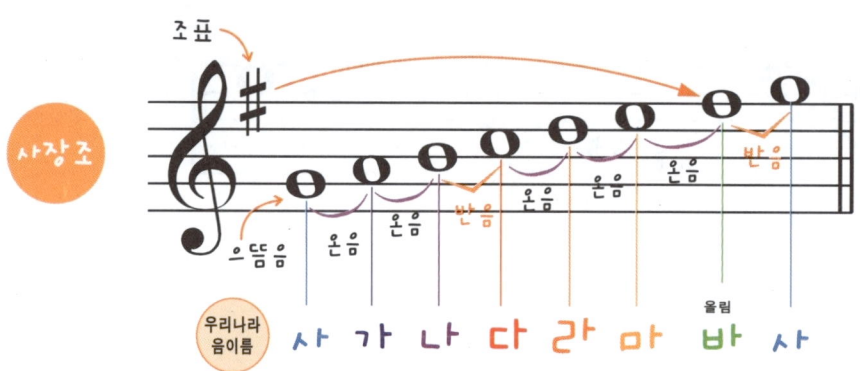

사장조

조표 →

으뜸음 온음 온음 반음 온음 온음 온음 반음

우리나라
음이름   사 가 나 **다** **라** **마** 올림 **바** 사

으뜸음을
쉽게 찾는 법

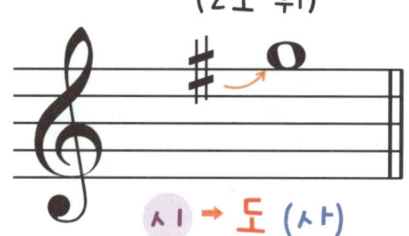

(2도 위)

시 → **도** (사)

(4도 아래)

파 → **도** (바)

각 장조의 **조표**와 **으뜸음**을 따라서 그리고 **조이름**을 써 보세요.

사장조   라장조   가장조   마장조

바장조   내림나장조   내림마장조   내림가장조

● 낮은음자리보표에서 으뜸음의 위치를 잘 확인하세요.

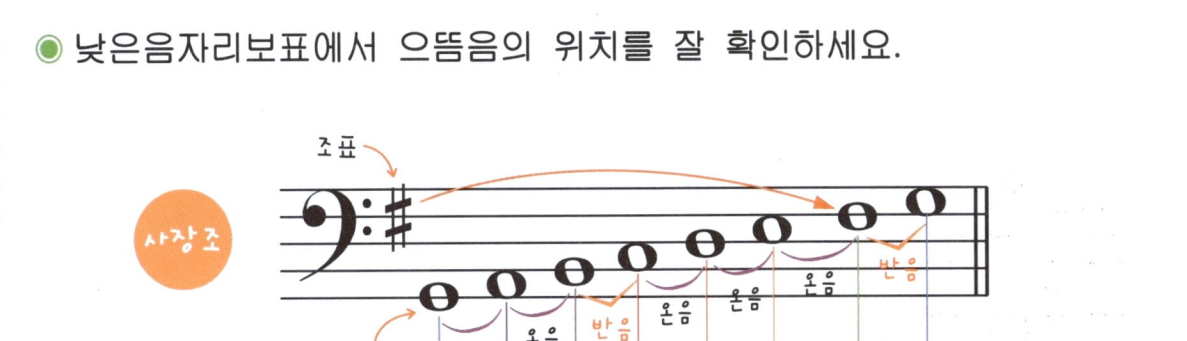

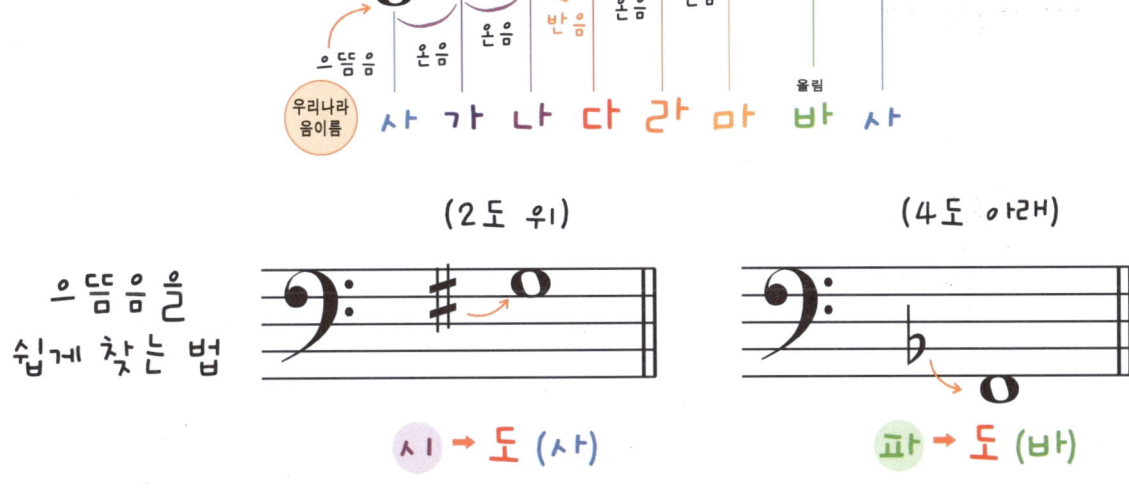

각 장조의 조표와 으뜸음을 따라서 그리고 조이름을 써 보세요.

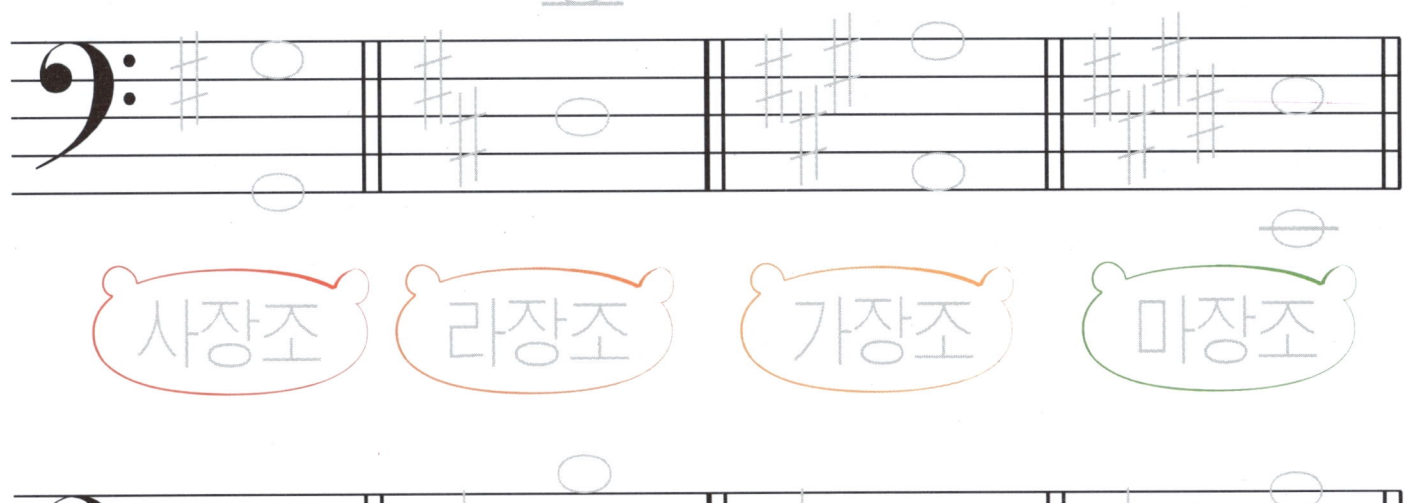

● 각 장조의 **이동도법 계이름**을 잘 확인하세요.

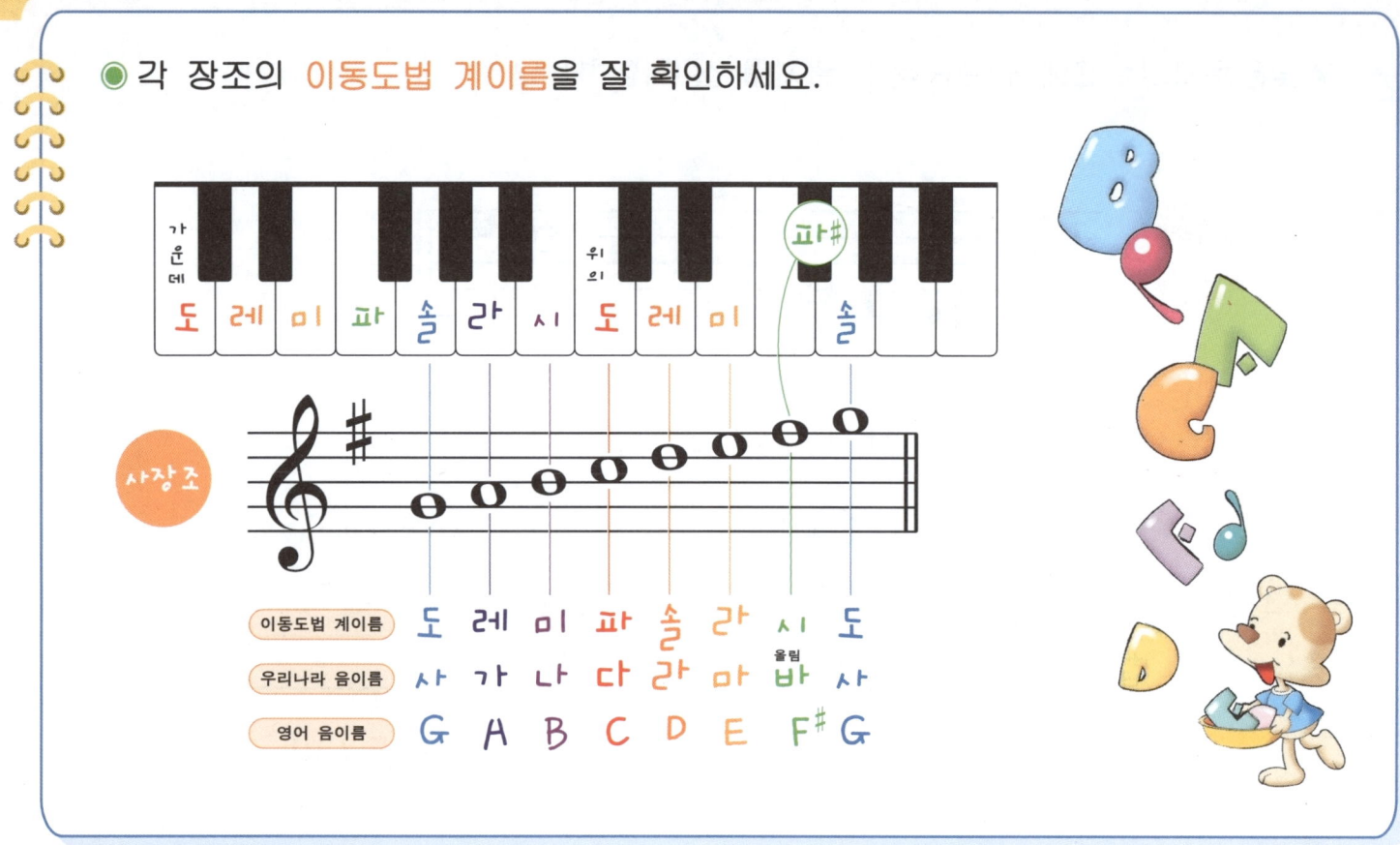

 각 장조의 **이동도법 계이름**을 써 보세요.

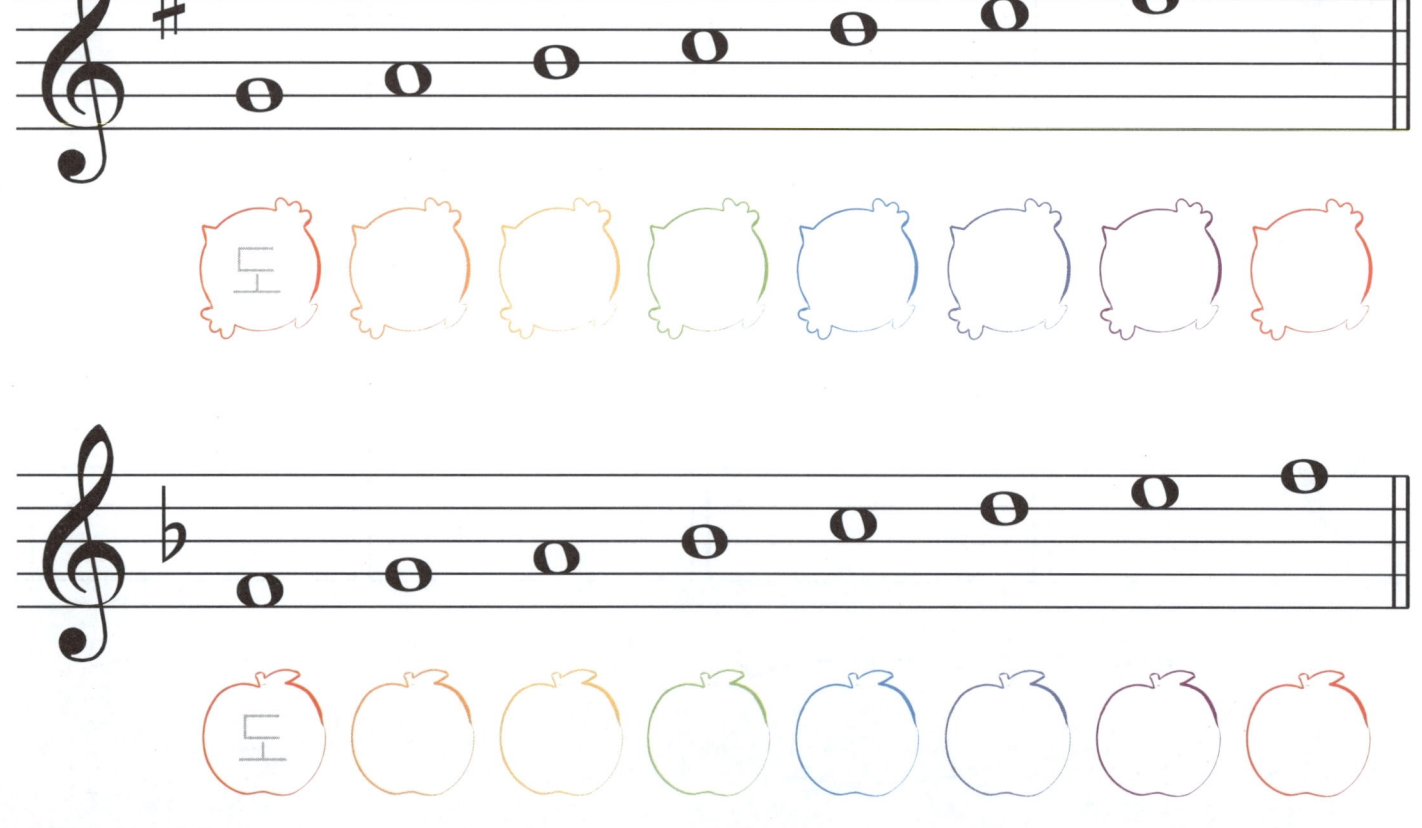

롤 루랄라 계이름 공부 활용편 총정리~~

도   도   도   도

 사장조의 **이동도법 계이름**을 써 보세요.

솔

도

미

도

룰루랄라 기초 이론

사장조의 **조표**와 **으뜸음**을 그려 보세요.

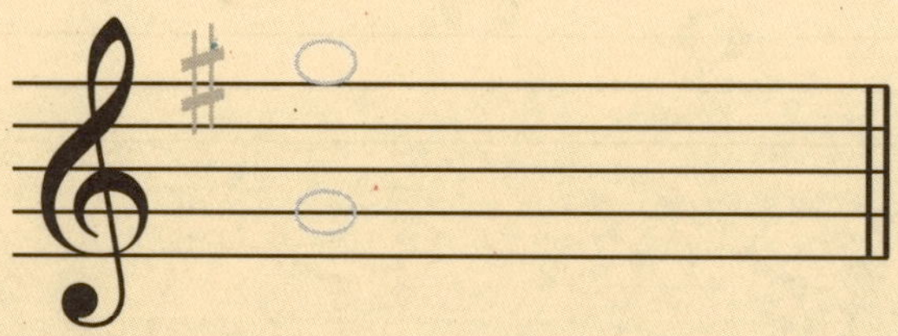

 바장조의 **이동도법 계이름**을 써 보세요.

솔

도

미

솔

룰루랄라 기초 이론

바장조의 **조표**와 **으뜸음**을 그려 보세요.

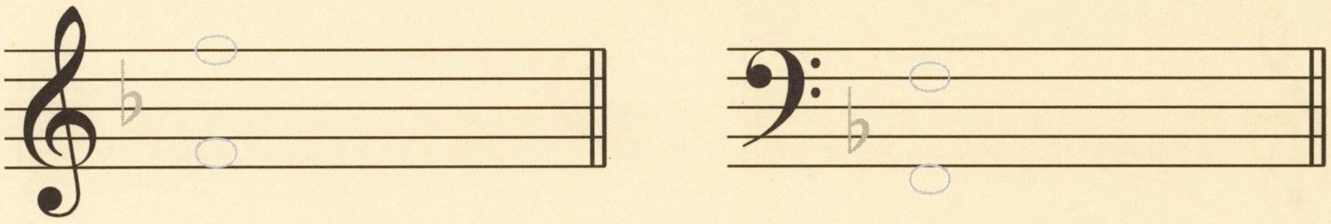

 라장조의 **이동도법 계이름**을 써 보세요.

도

도

도

도

룰루랄라 기초 이론

라장조의 **조표**와 **으뜸음**을 그려 보세요.

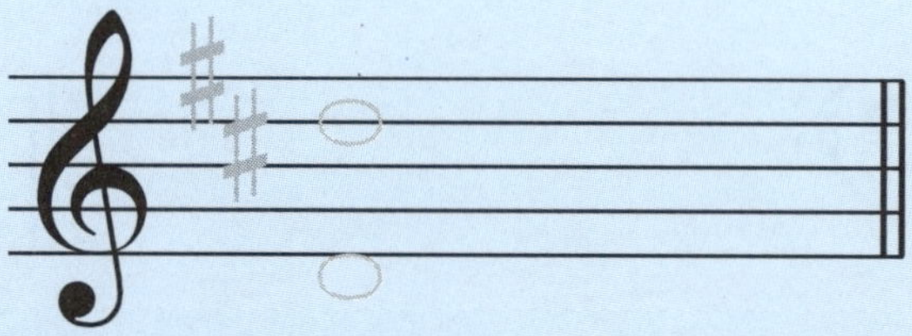

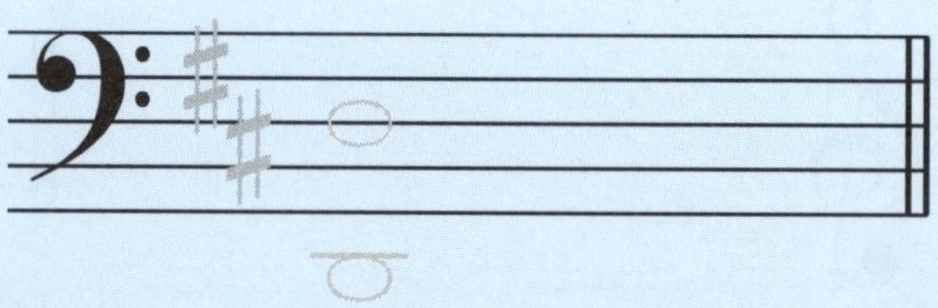

 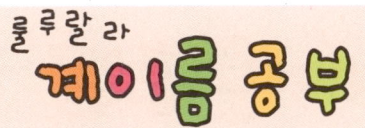 
 내림나장조의 **이동도법 계이름**을 써 보세요.

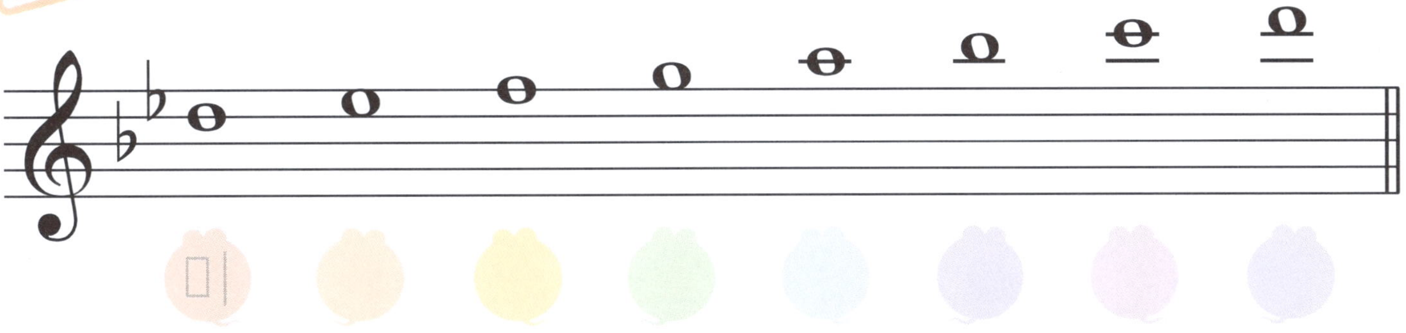

미

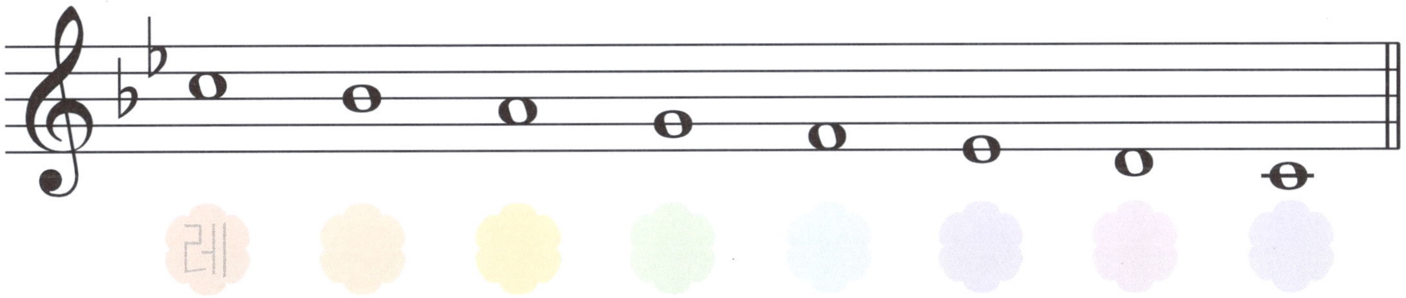

레

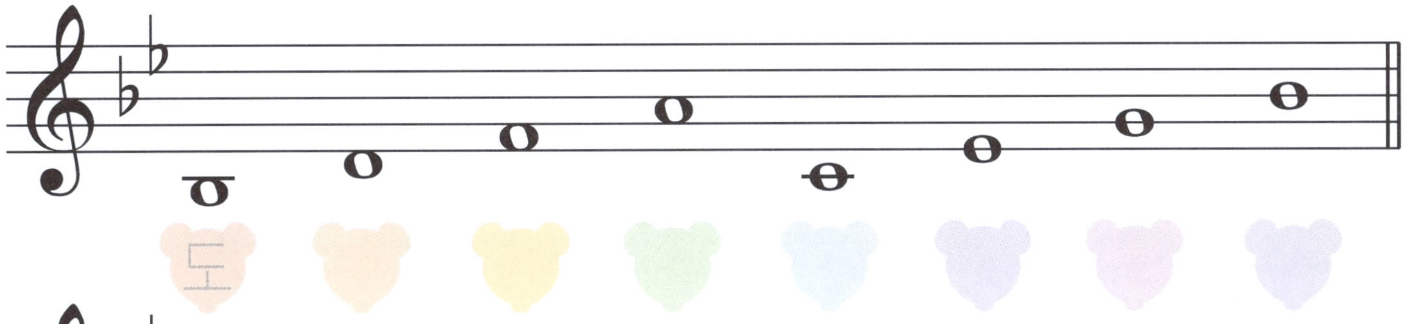

도

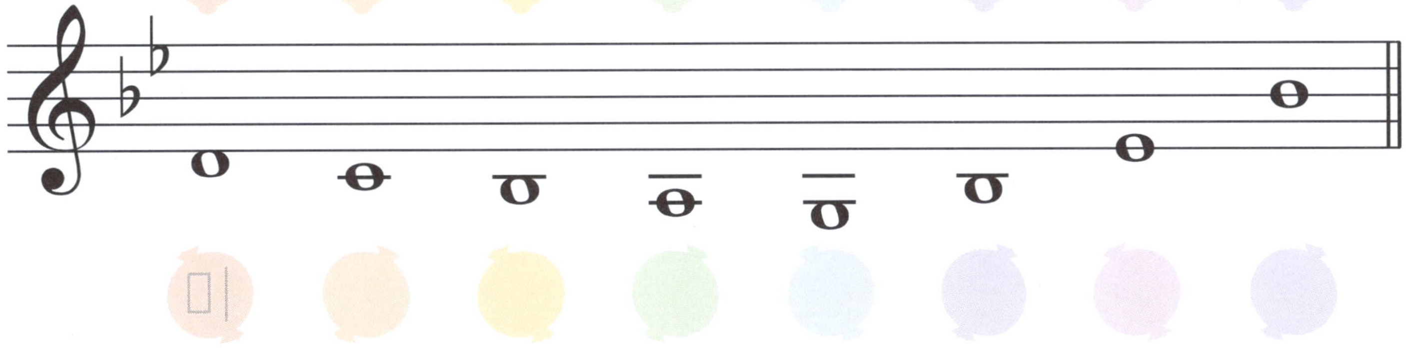

미

내림나장조의 **조표**와 **으뜸음**을 그려 보세요.

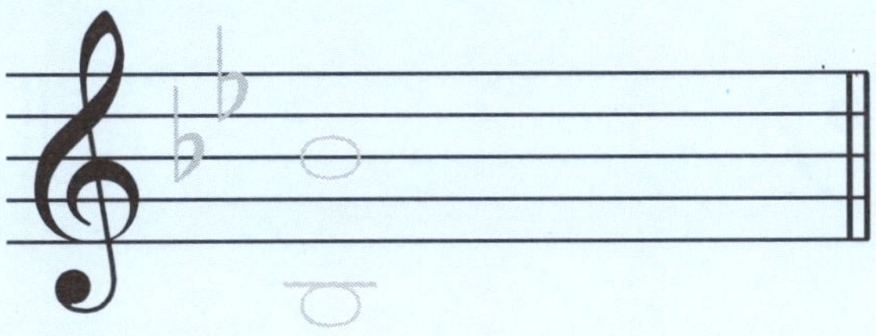

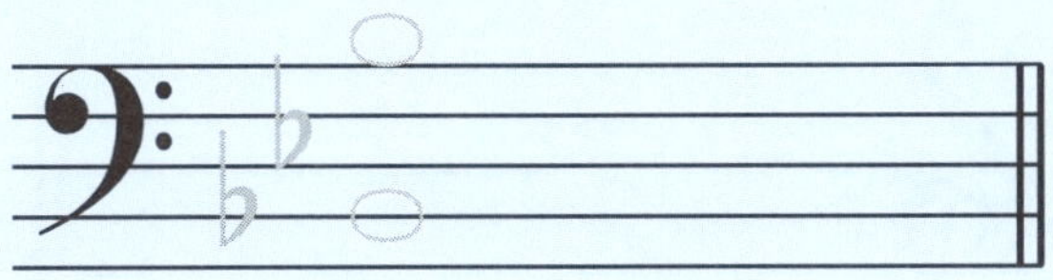

 가장조의 **이동도법 계이름**을 써 보세요.

미

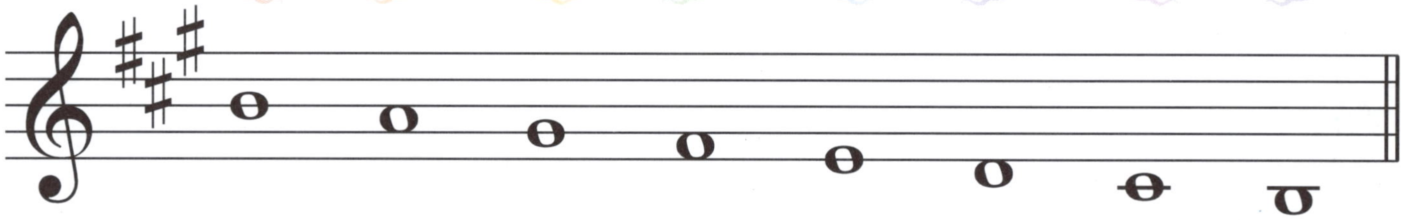

레

라

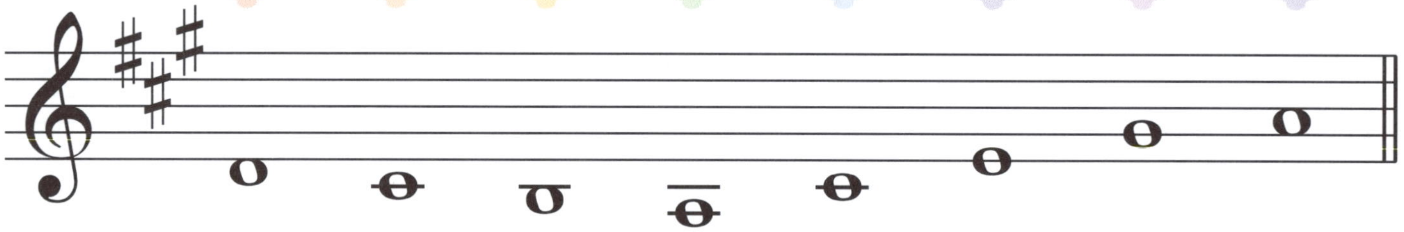

파

룰루랄라 기초 이론

가장조의 **조표**와 **으뜸음**을 그려 보세요.

 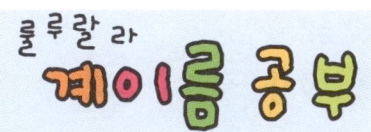
 내림마장조의 이동도법 계이름을 써 보세요.

도

도

도

도

룰루랄라 기초 이론

내림마장조의 조표와 으뜸음을 그려 보세요.

 마장조의 **이동도법 계이름**을 써 보세요.

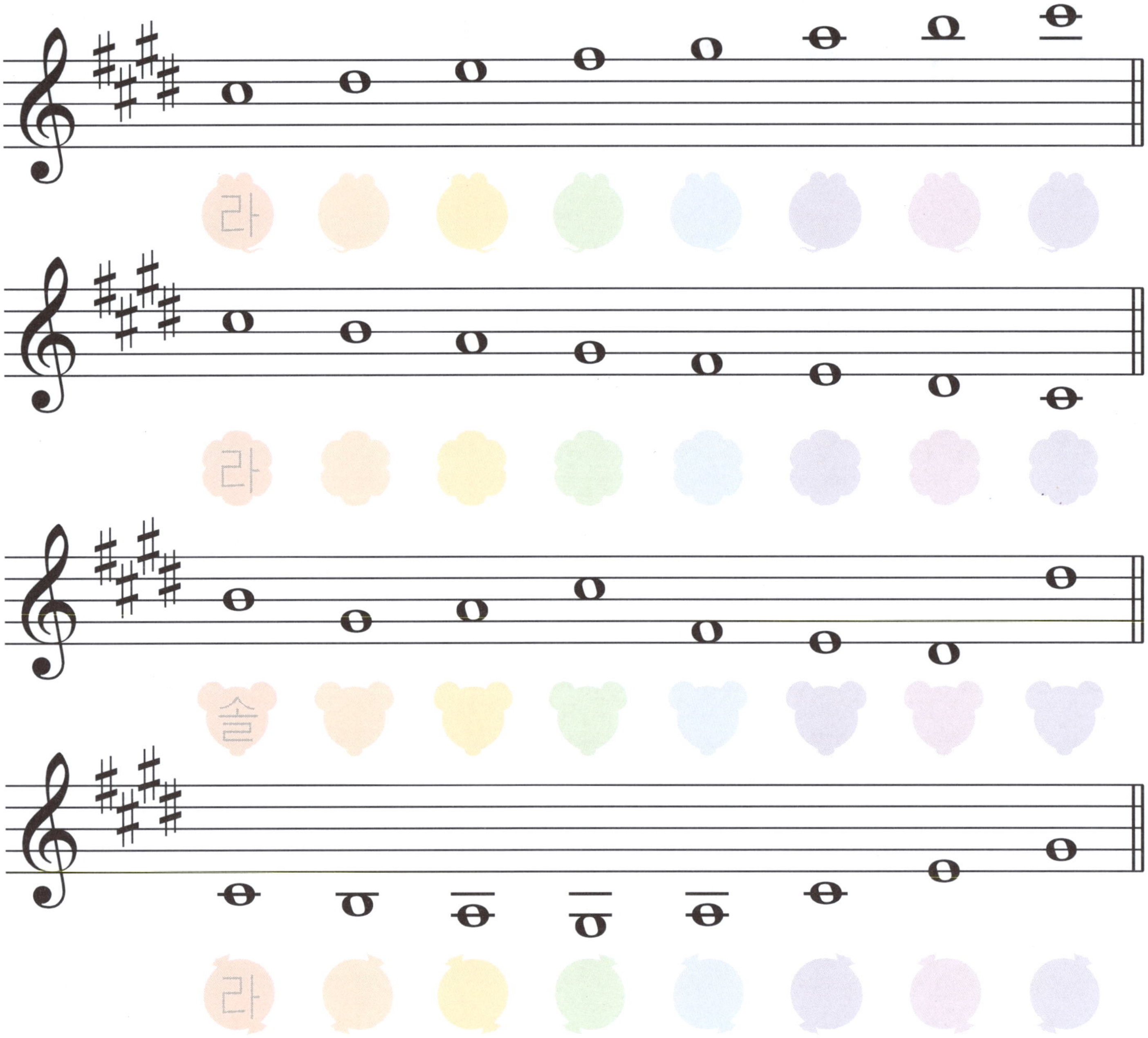

라

라

솔

라

룰루랄라 기초 이론

마장조의 **조표**와 **으뜸음**을 그려 보세요.

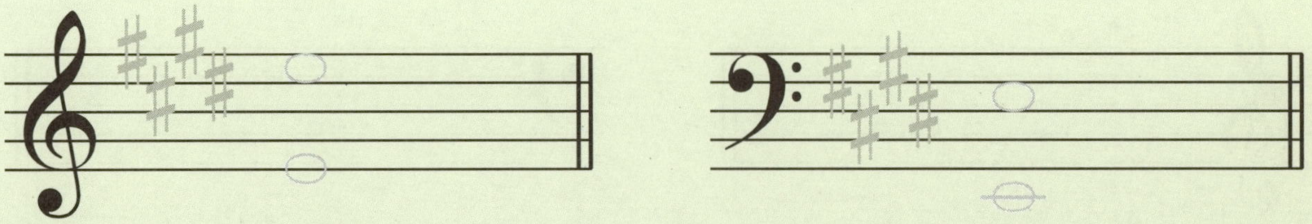

룰루랄라
계이름 공부

 월 일

 내림가장조의 **이동도법 계이름**을 써 보세요.

미

레

솔

파

룰루랄라 기초 이론

내림가장조의 **조표**와 **으뜸음**을 그려 보세요.

● 각 장조의 **고정도법 계이름**을 잘 확인하세요.

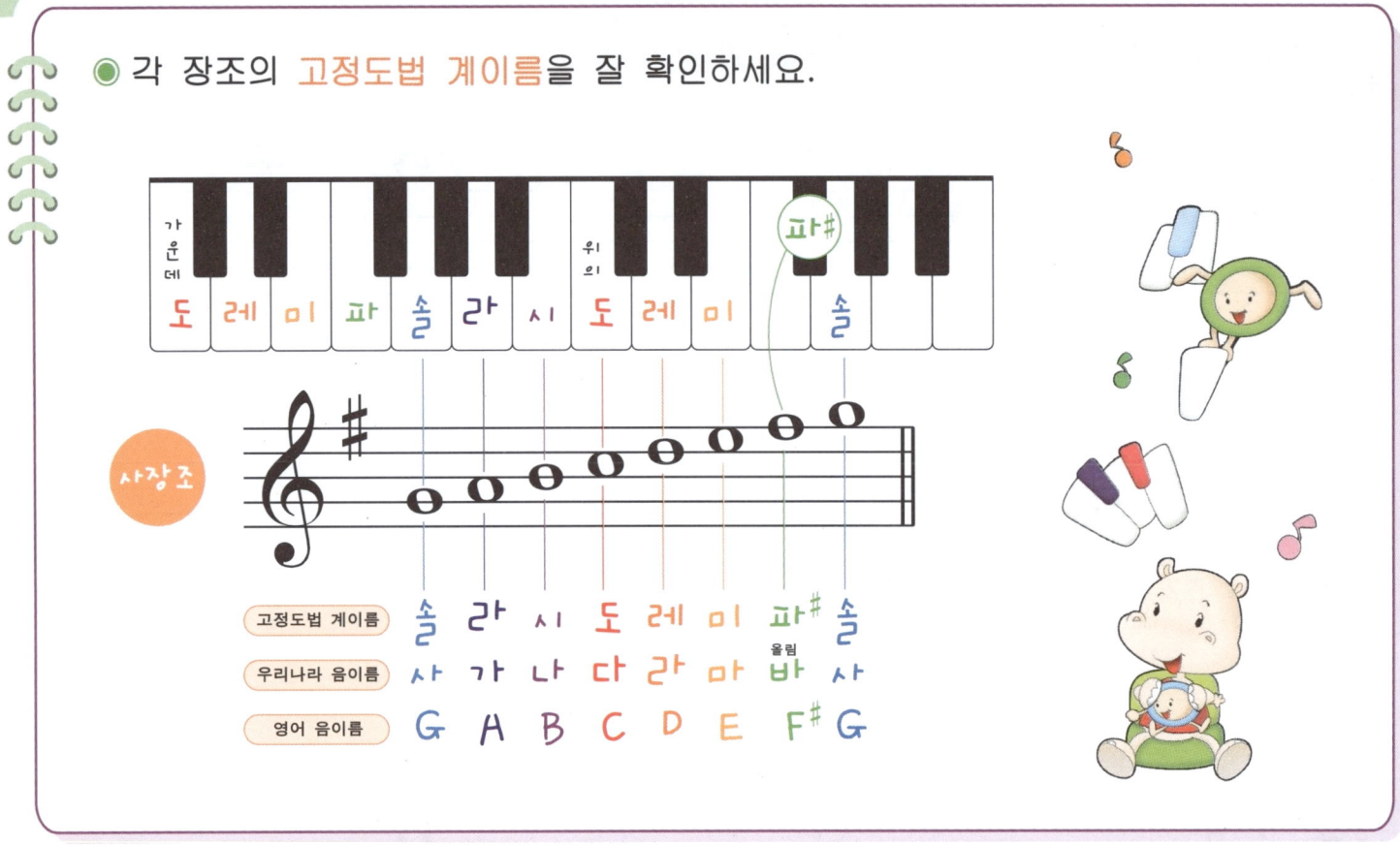

사장조

고정도법 계이름	솔	라	시	도	레	미	파#	솔
우리나라 음이름	사	가	나	다	라	마	올림바	사
영어 음이름	G	A	B	C	D	E	F#	G

각 장조의 **고정도법 계이름**을 써 보세요.

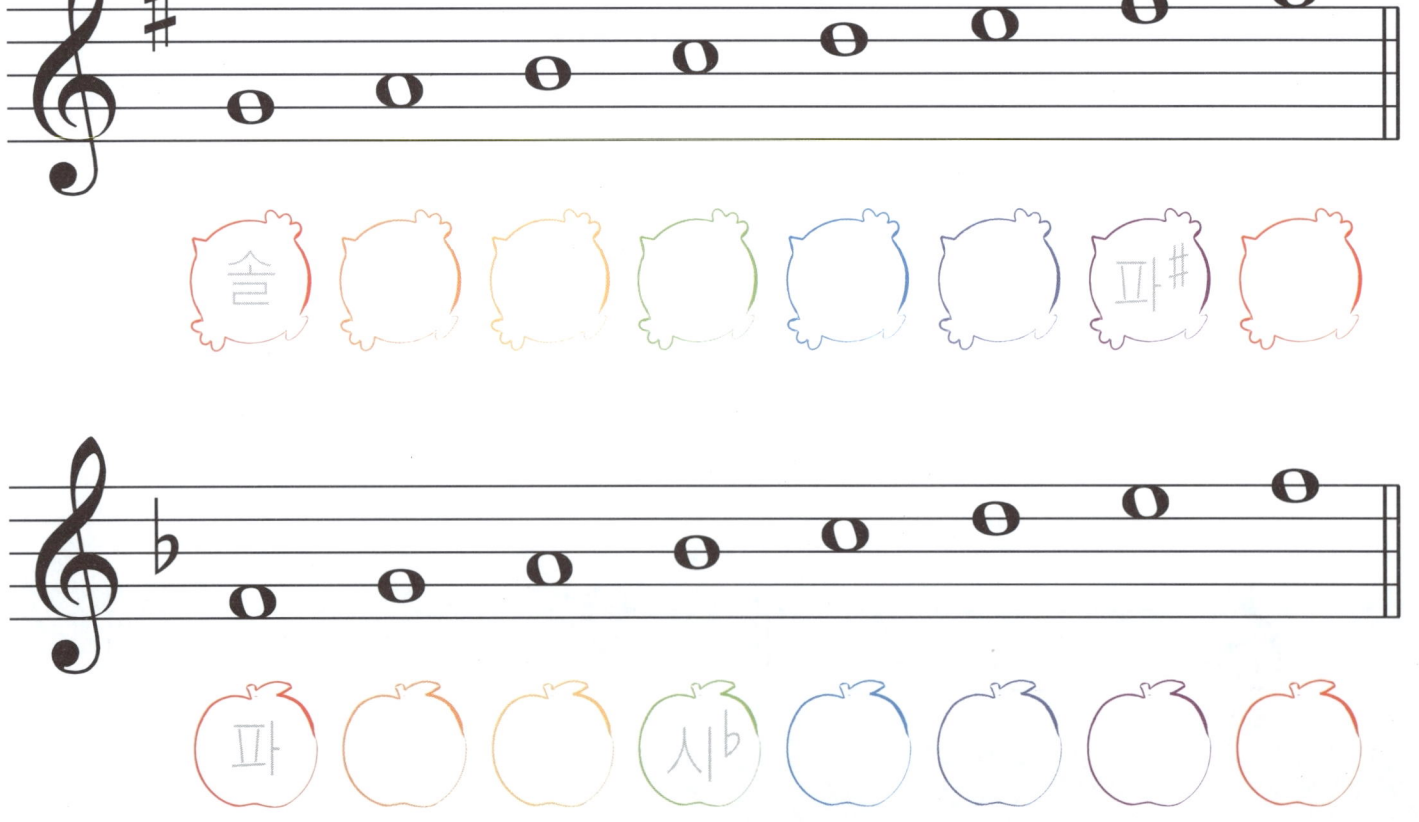

솔   파#

파   시♭

레

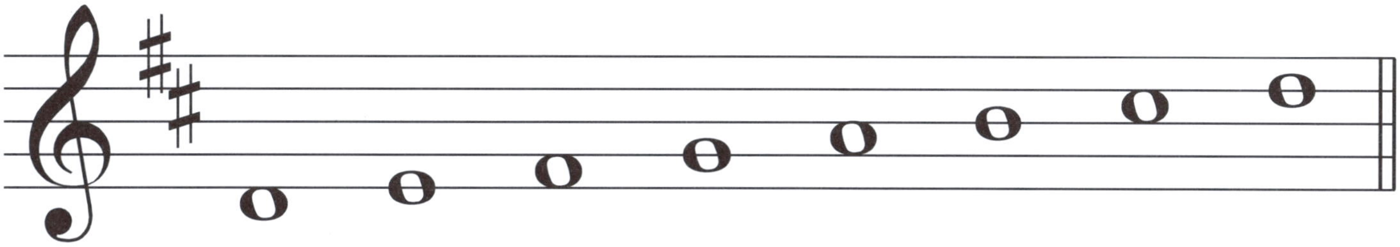

시♭

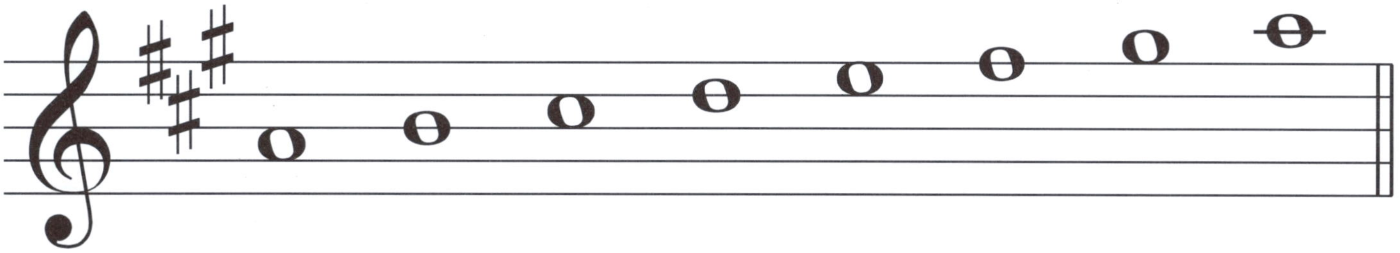

라

미♭

● 낮은음자리보표에서 각 장조의 고정도법 계이름을 잘 확인하세요.

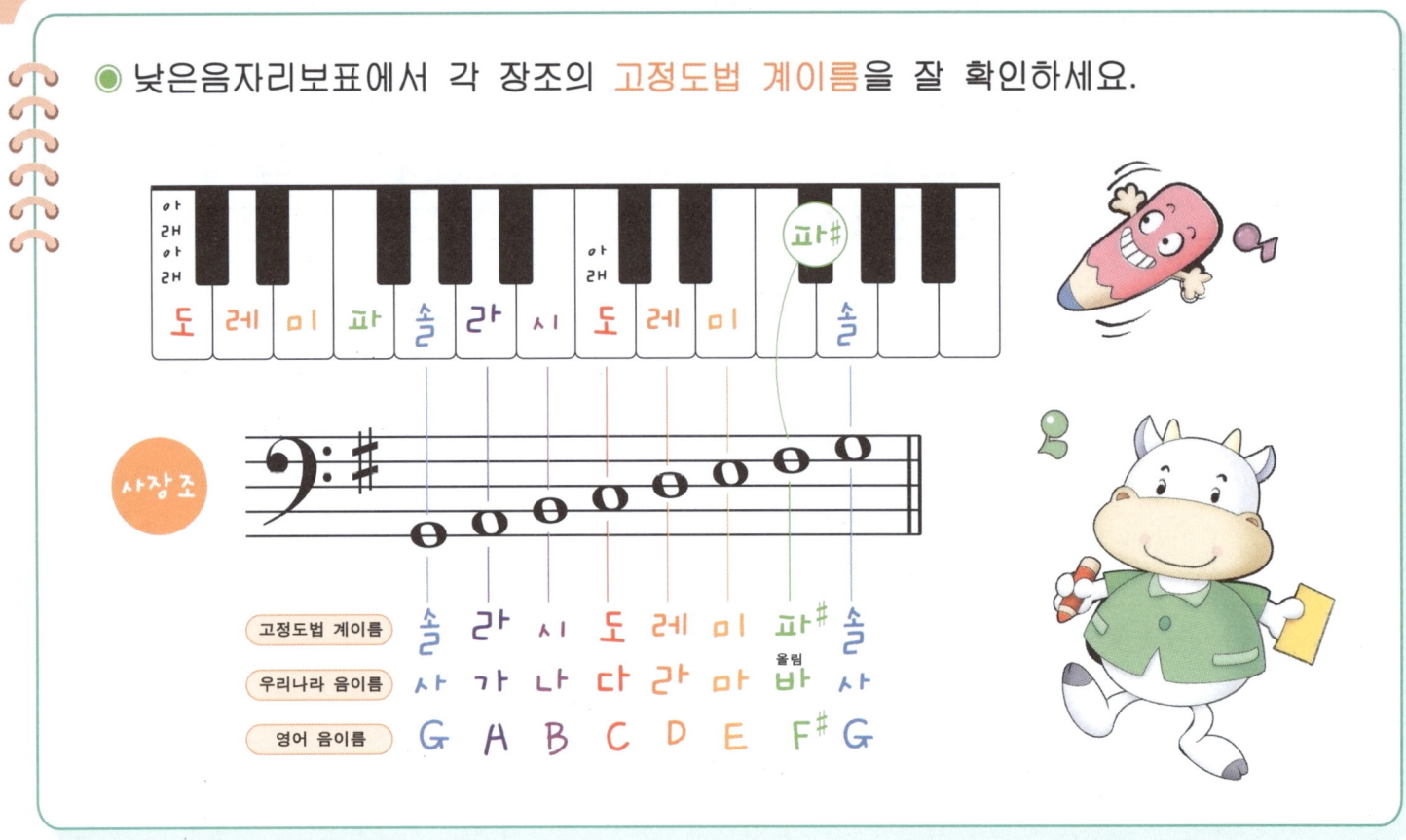

각 장조의 고정도법 계이름을 써 보세요.

  활용편 총정리 룰루랄라 계이름 공부 월 일

 온음표(**o**) 옆에 **고정도법 계이름**을 써 보세요.

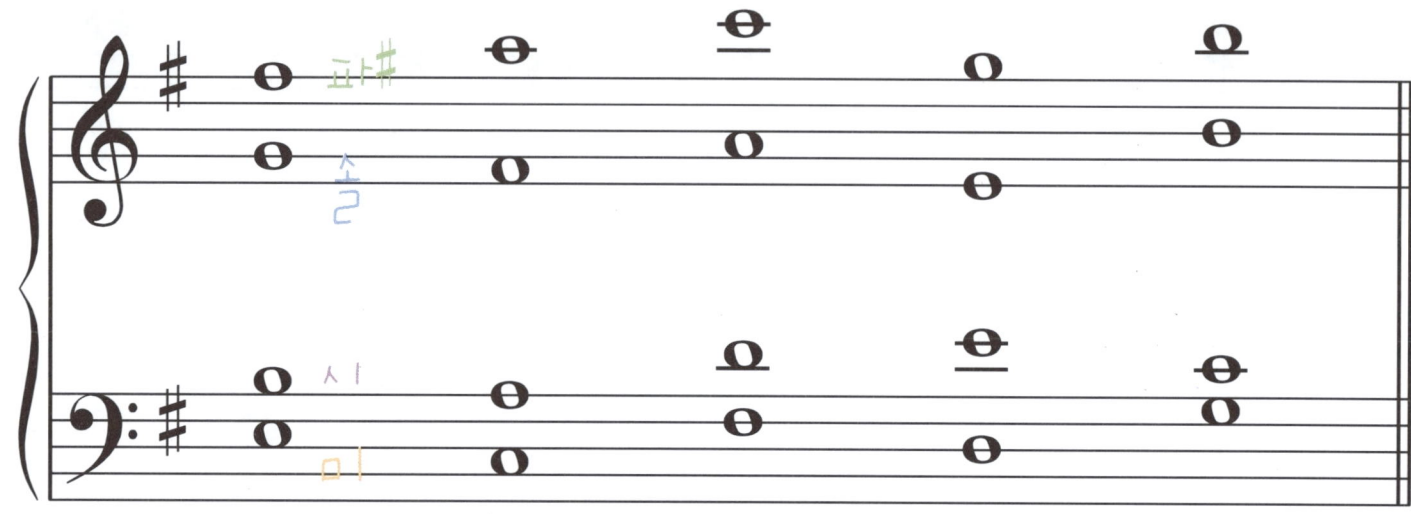

룰루랄라 기초 이론

사장조의 음계를 **영어 음이름**으로 써 보세요.

 온음표(○) 옆에 **고정도법 계이름**을 써 보세요.

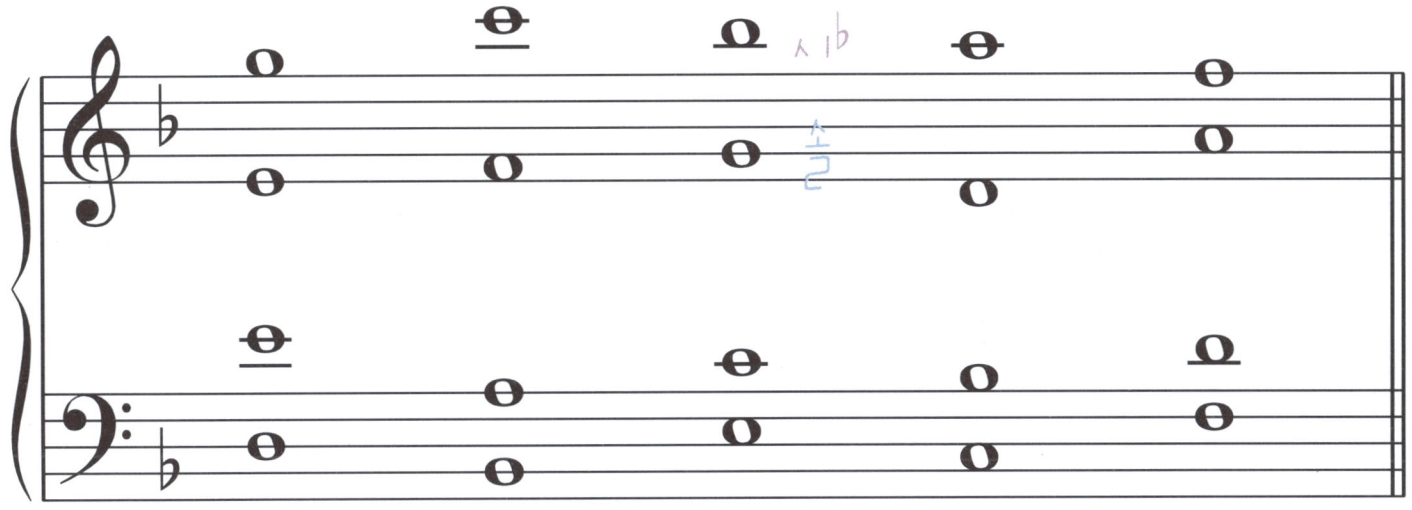

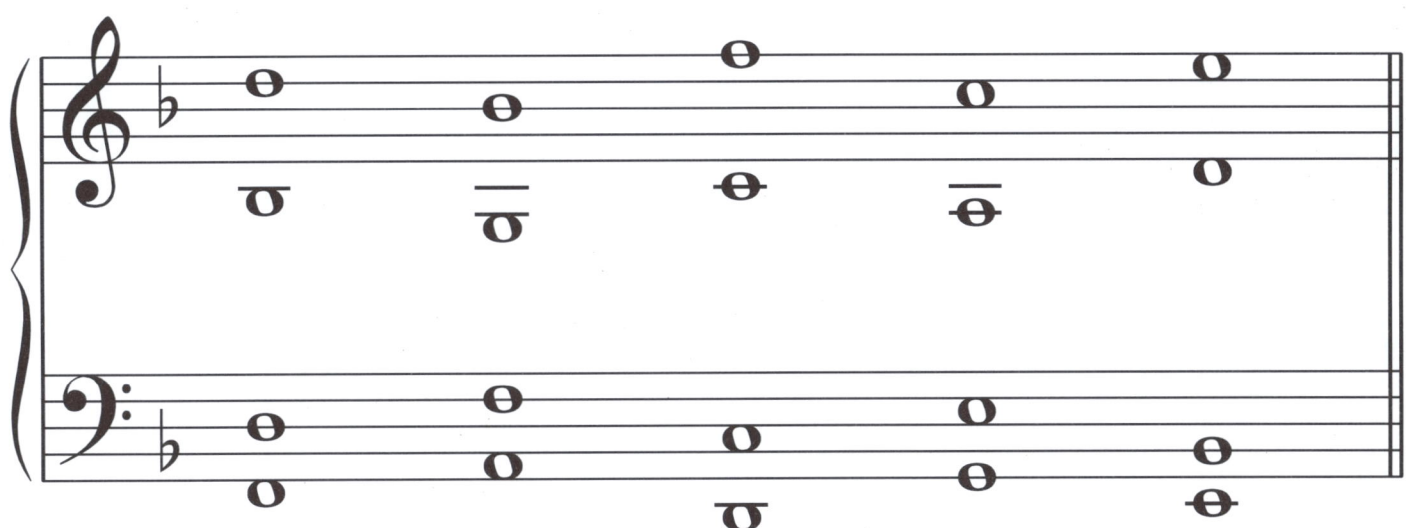

룰루랄라 기초 이론

바장조의 음계를 **영어 음이름**으로 써 보세요.

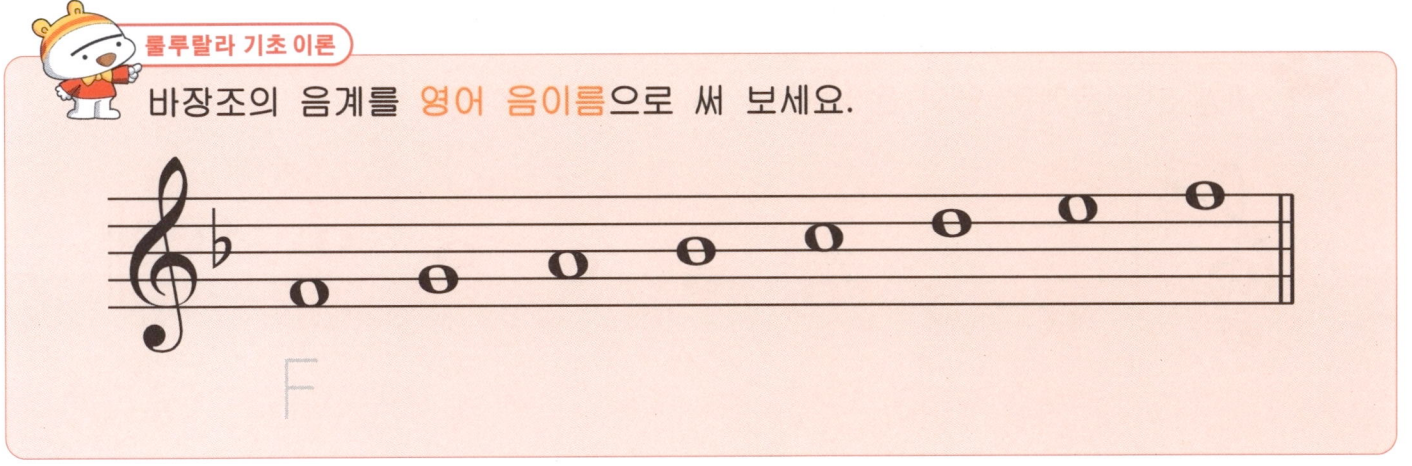

 온음표(o) 옆에 **고정도법 계이름**을 써 보세요.

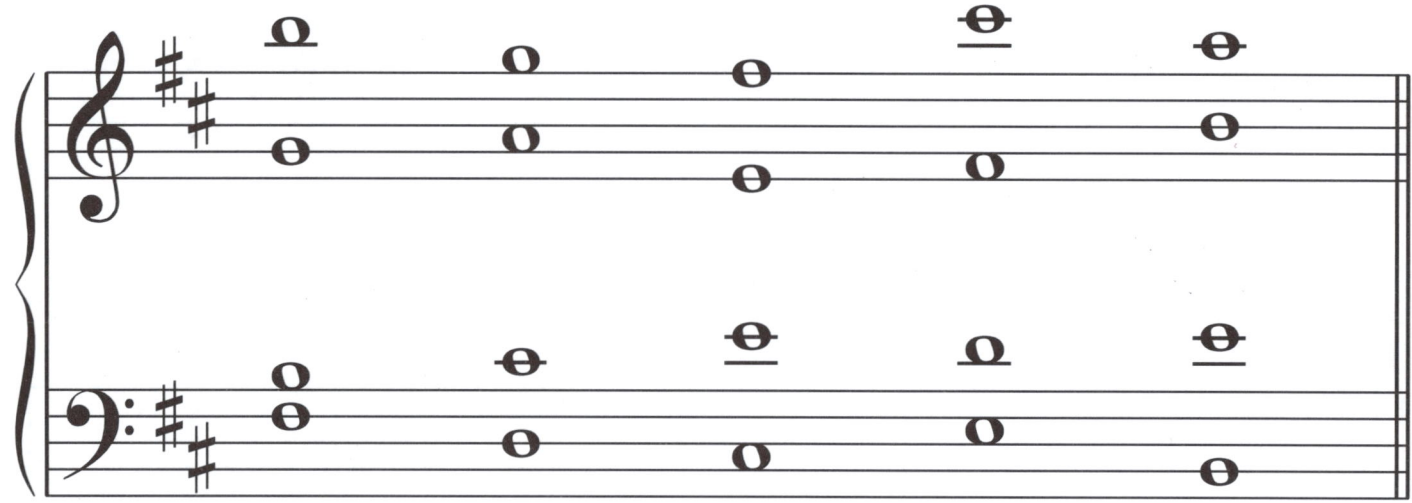

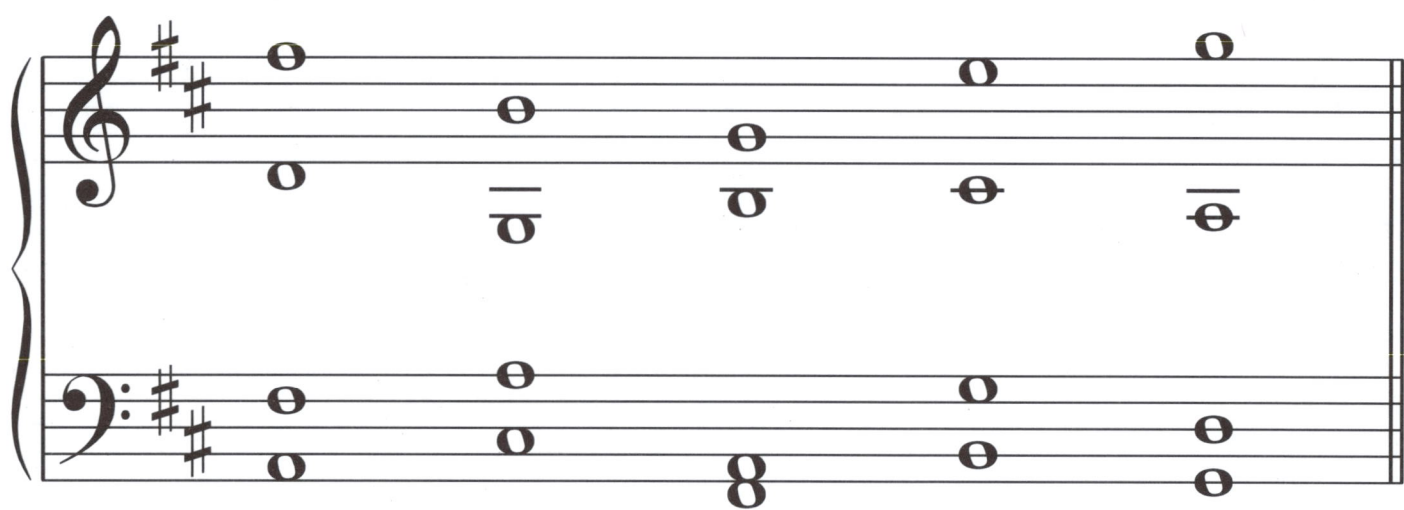

룰루랄라 기초 이론

라장조의 음계를 **영어 음이름**으로 써 보세요.

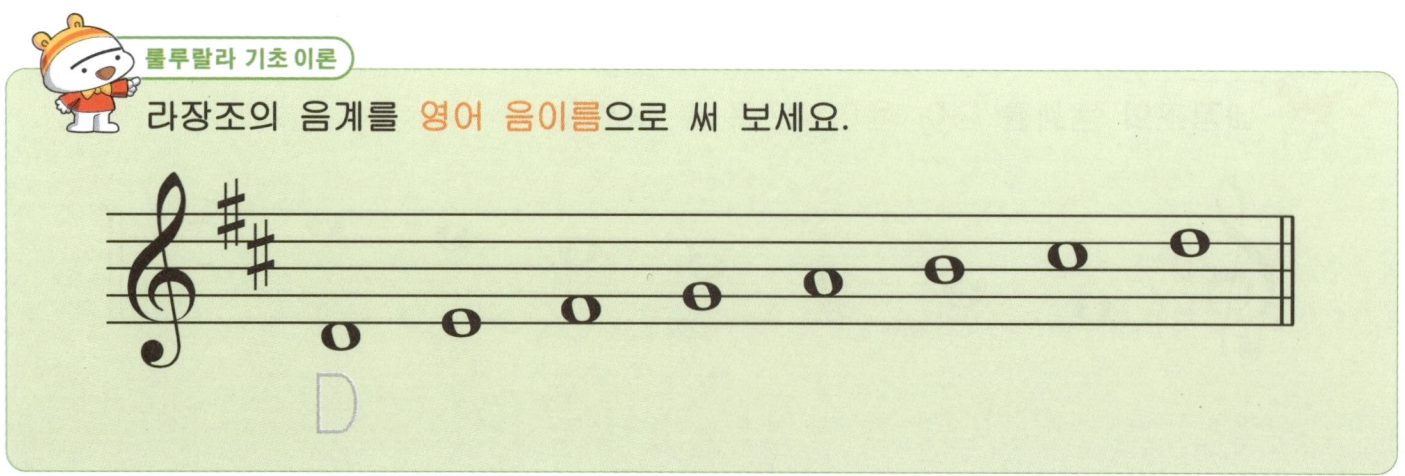

 온음표(◯) 옆에 **고정도법 계이름**을 써 보세요.

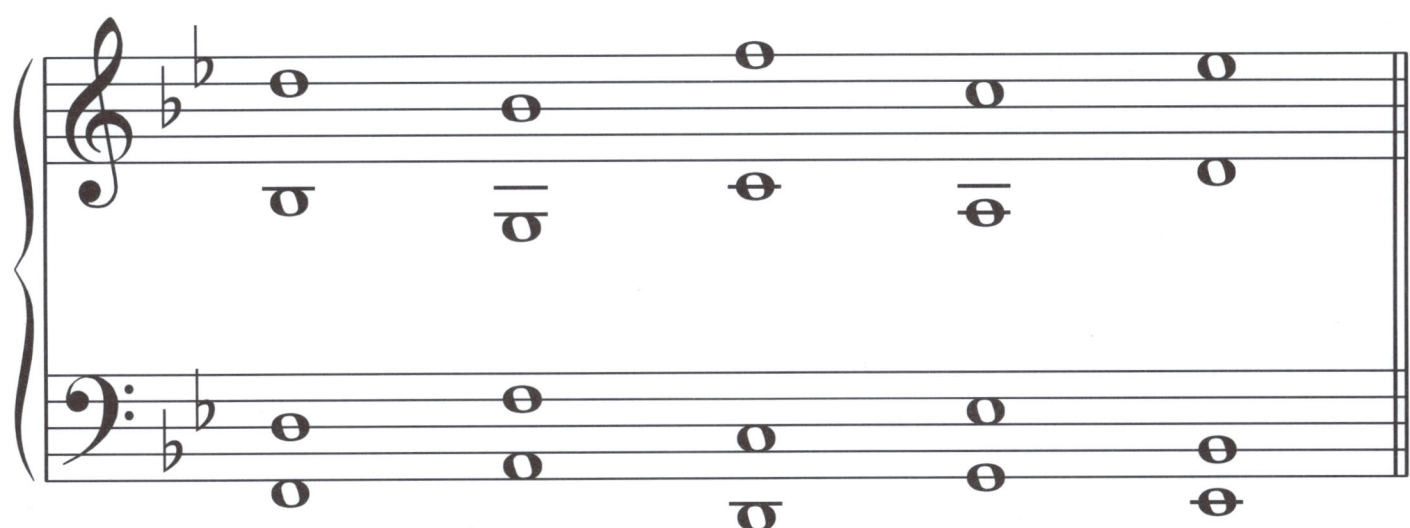

룰루랄라 기초 이론

내림나장조의 음계를 **영어 음이름**으로 써 보세요.

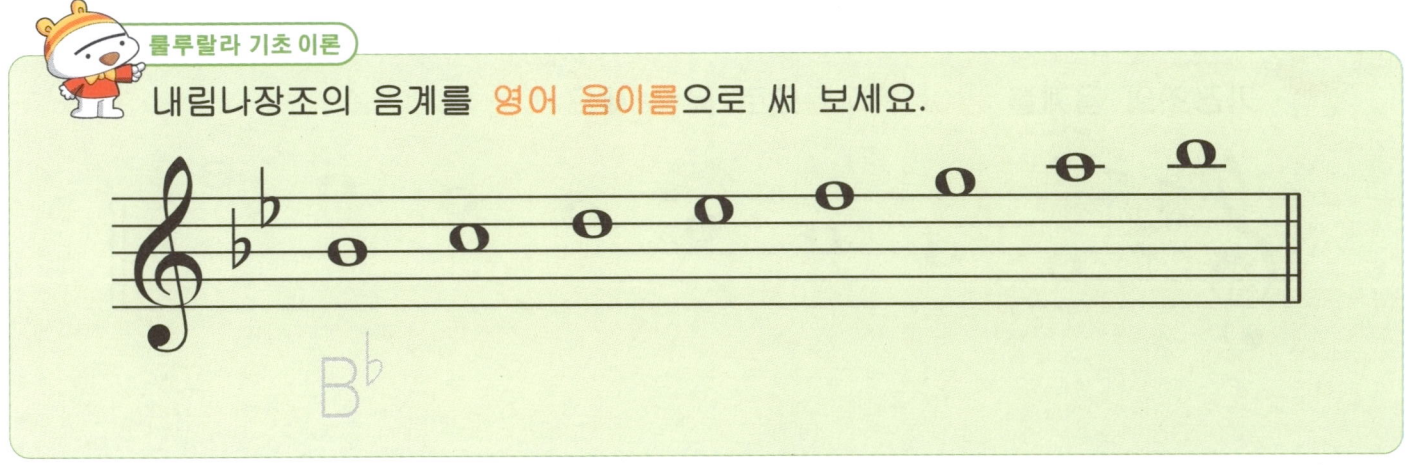

B♭

 온음표(**o**) 옆에 **고정도법 계이름**을 써 보세요.

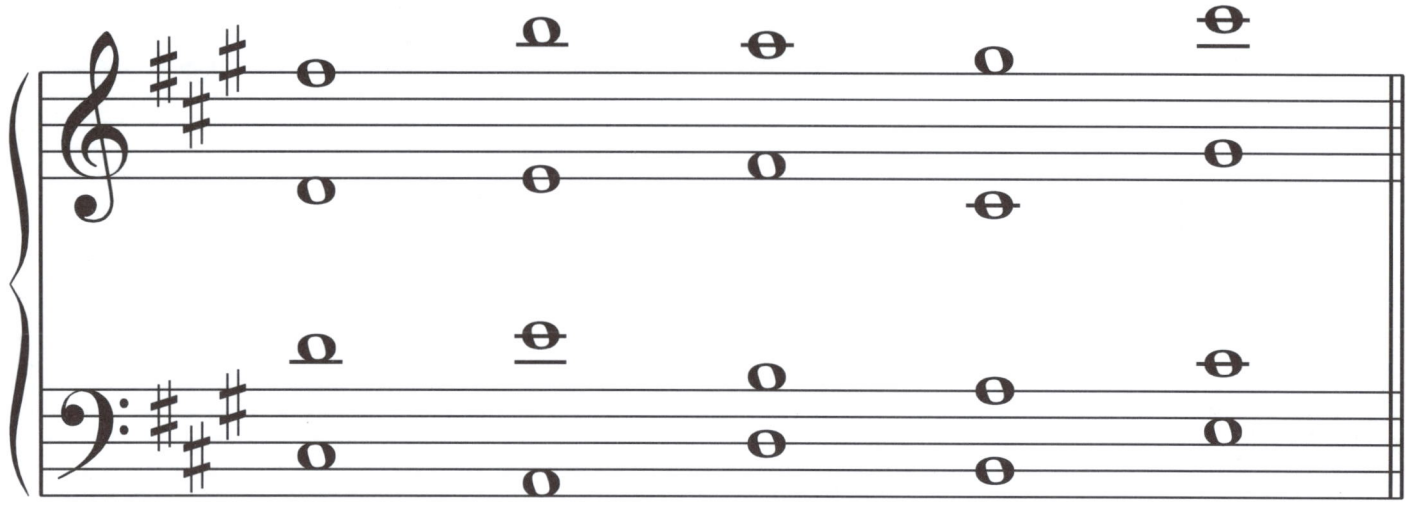

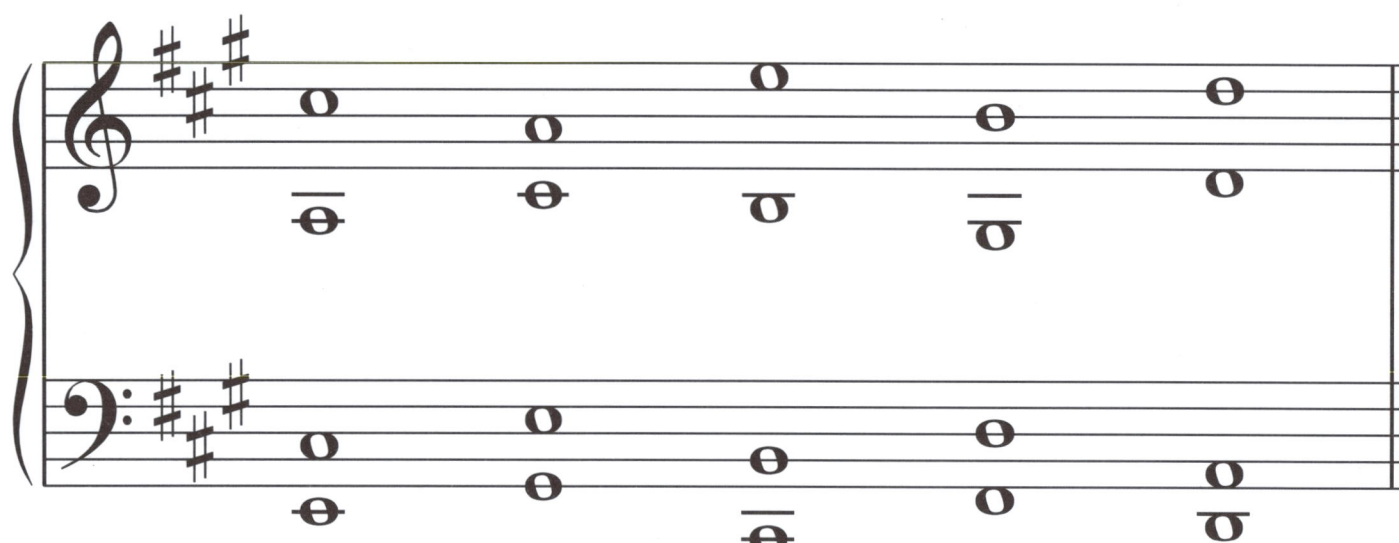

룰루랄라 기초 이론

가장조의 음계를 **영어 음이름**으로 써 보세요.

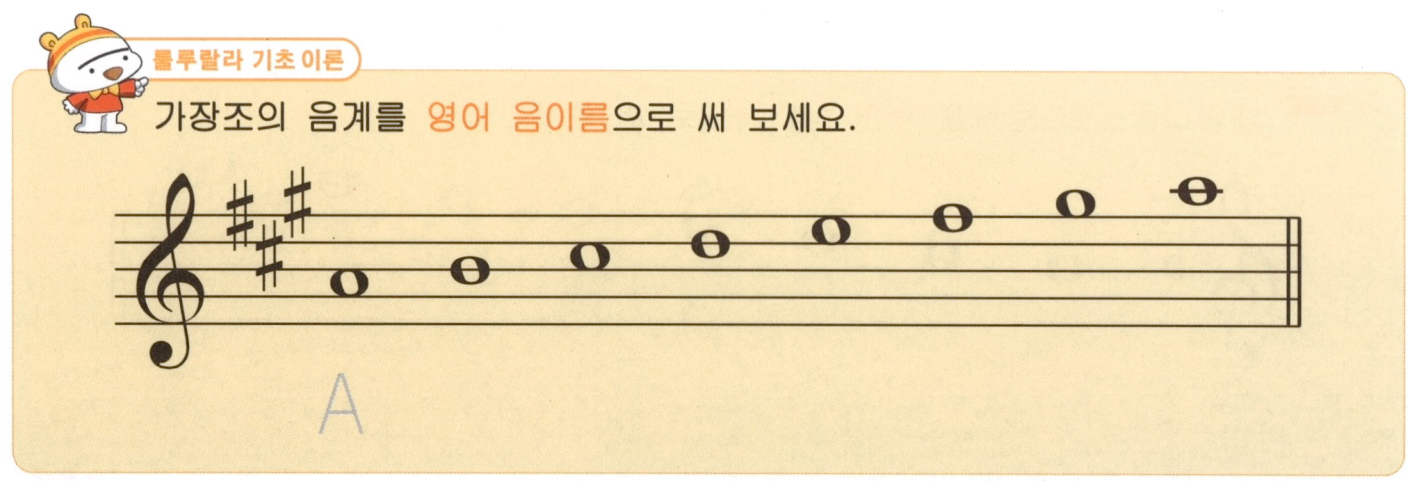

풀루랄라
계이름 공부

월 일

 온음표(○) 옆에 **고정도법 계이름**을 써 보세요.

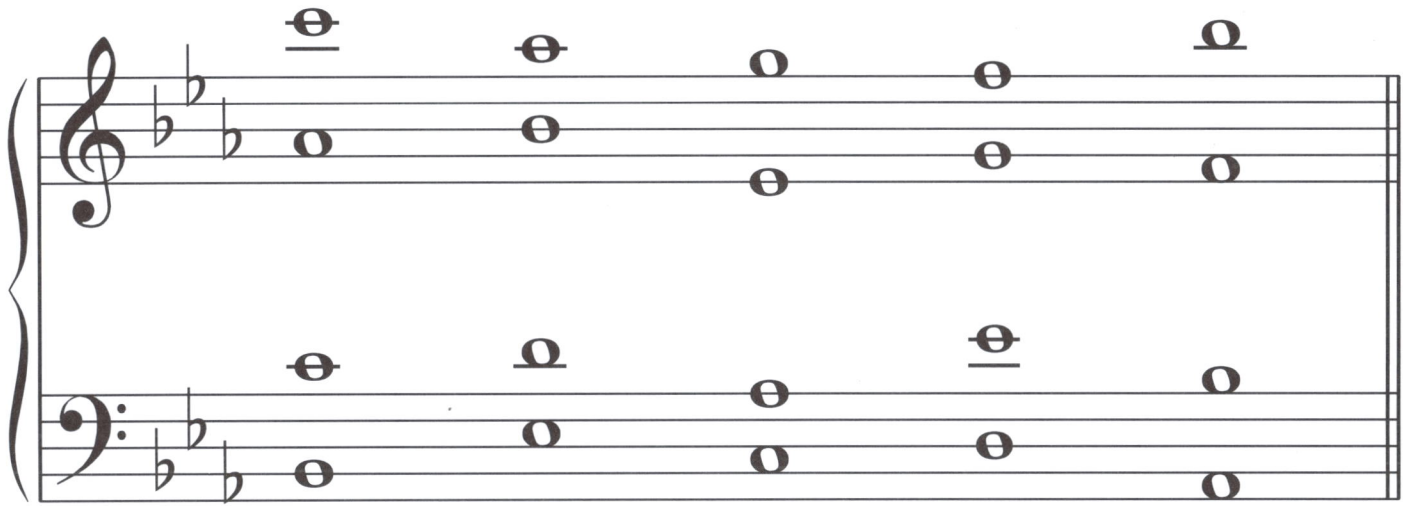

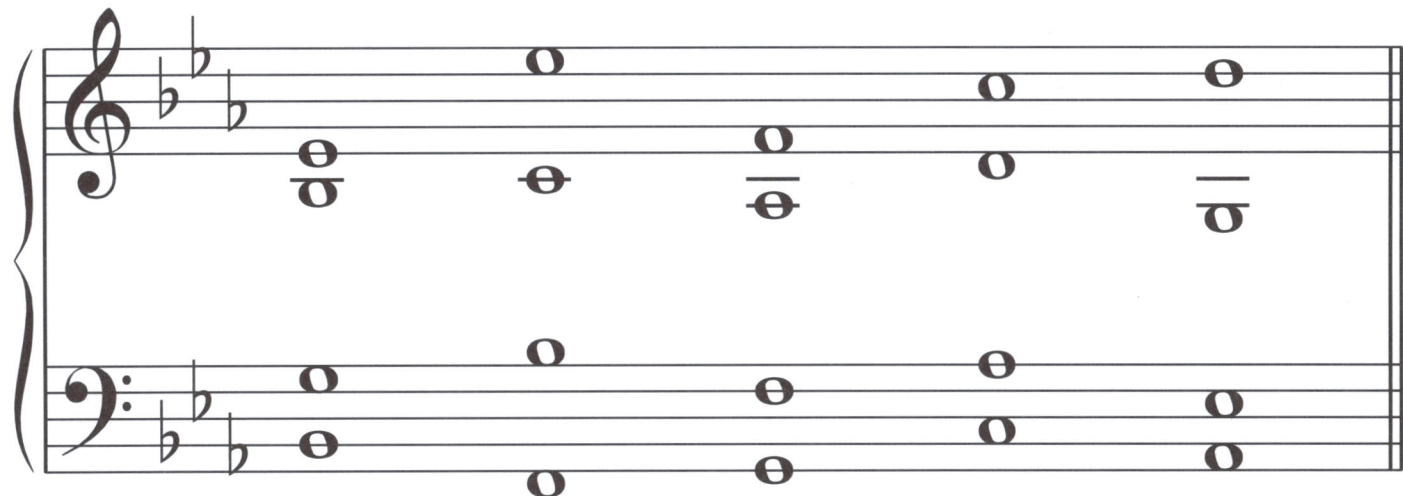

풀루랄라 기초 이론

내림마장조의 음계를 **영어 음이름**으로 써 보세요.

E♭

룰루랄라
계이름 공부

월 일

 온음표(**o**) 옆에 **고정도법 계이름**을 써 보세요.

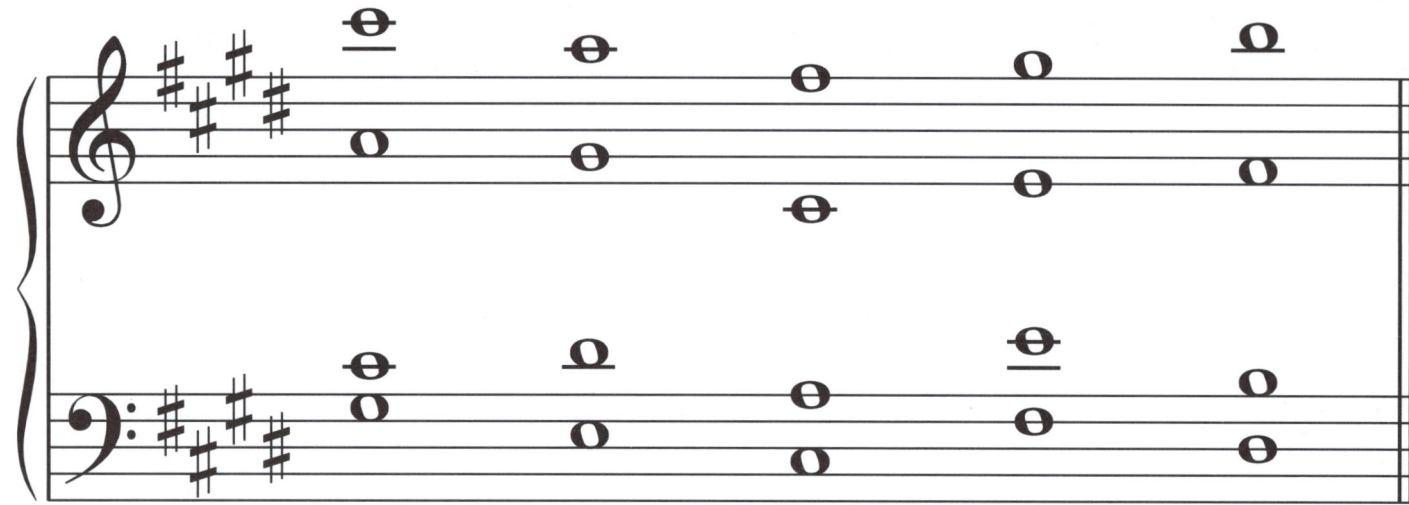

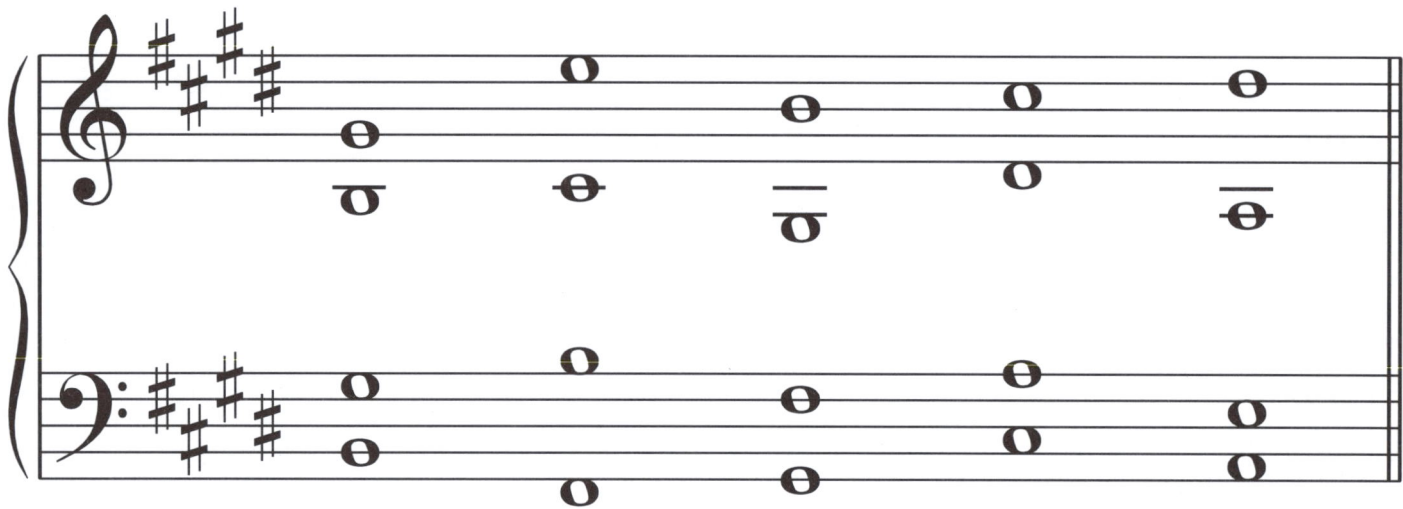

룰루랄라 기초 이론

마장조의 음계를 **영어 음이름**으로 써 보세요.

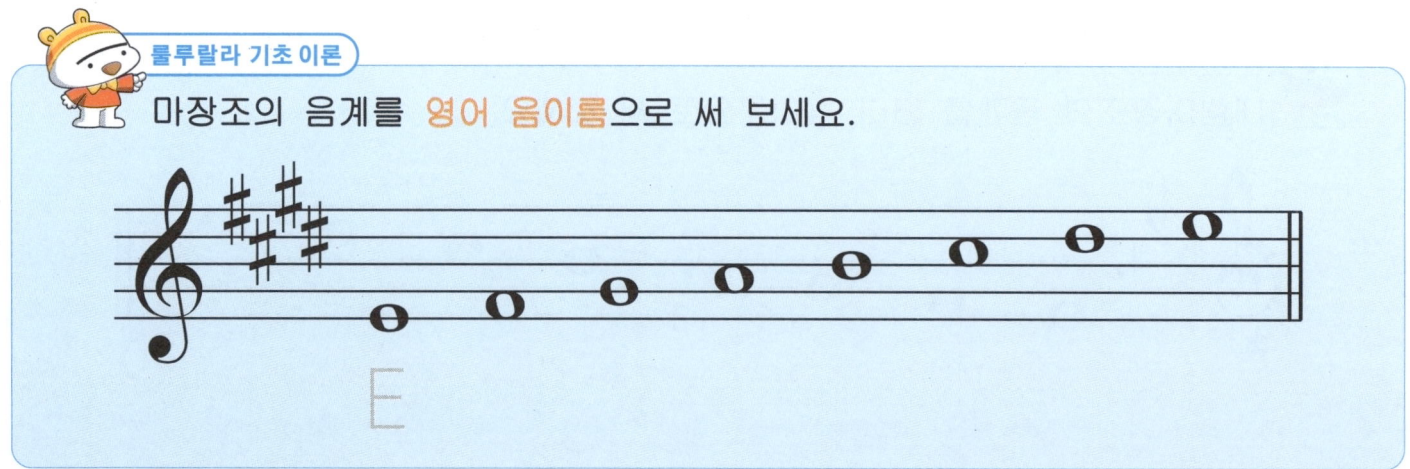

E

룰루랄라
계이름 공부

 온음표(o) 옆에 **고정도법 계이름**을 써 보세요.

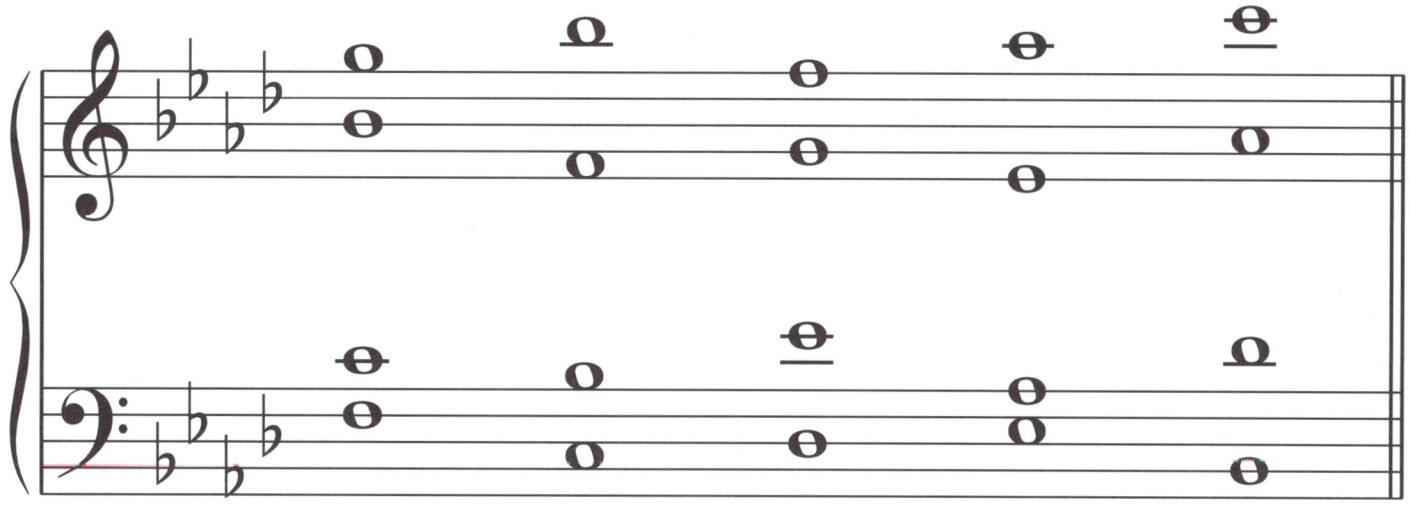

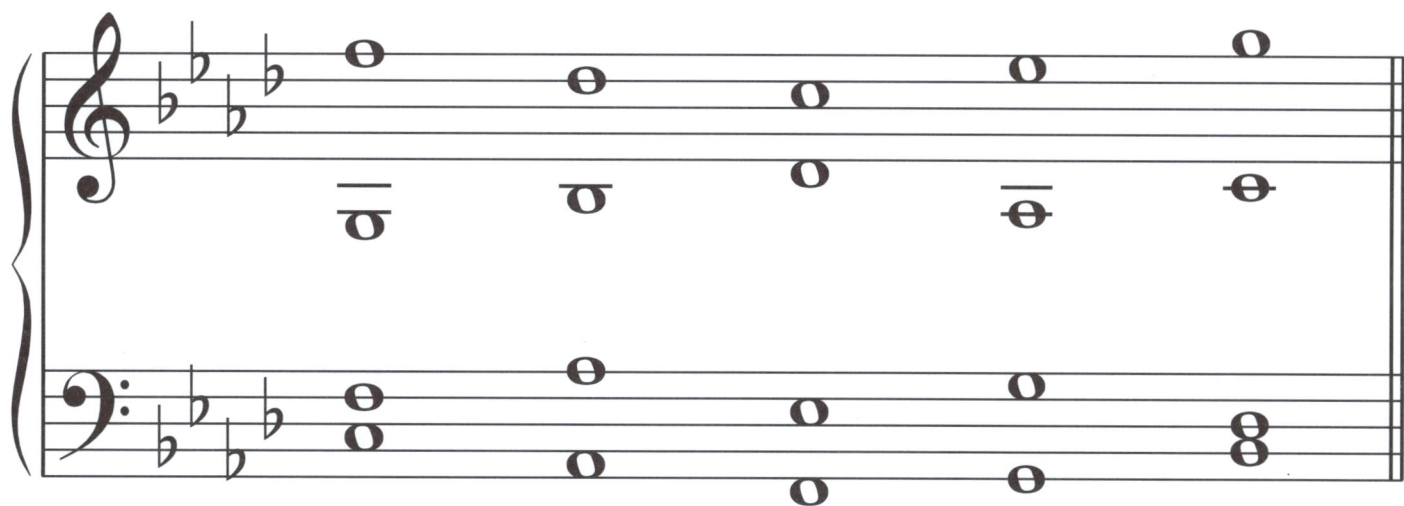

룰루랄라 기초 이론

내림가장조의 음계를 **영어 음이름**으로 써 보세요.

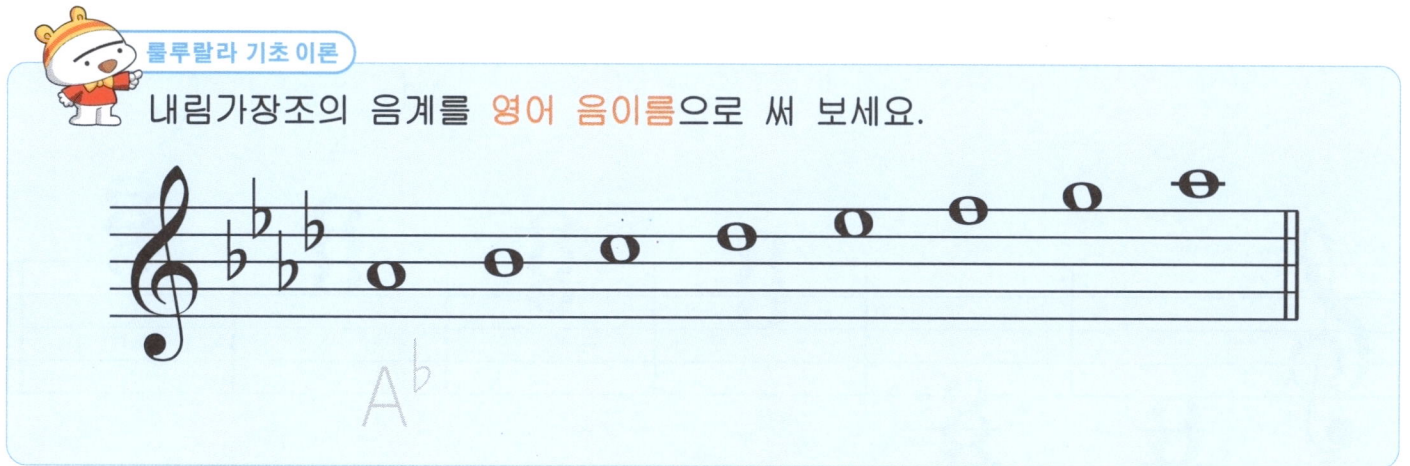

● 3화음에서 장3도+단3도는 **장3화음(메이저 코드)**, 단3도+장3도는 **단3화음(마이너 코드)**라고 합니다. 3화음을 코드로 나타낼 때는 영어 음이름을 사용합니다.

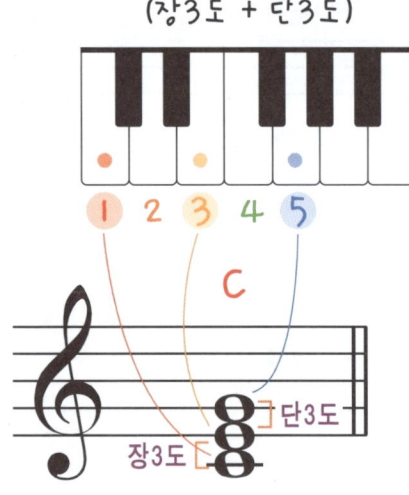

(장3도 + 단3도)

C

단3도
장3도

장3화음(메이저 코드)

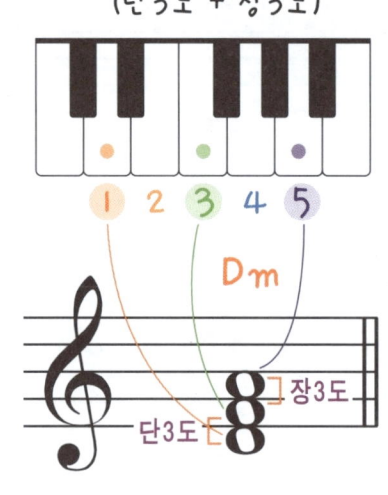

(단3도 + 장3도)

Dm

장3도
단3도

단3화음(마이너 코드)

 3화음의 **코드**를 써 보세요.

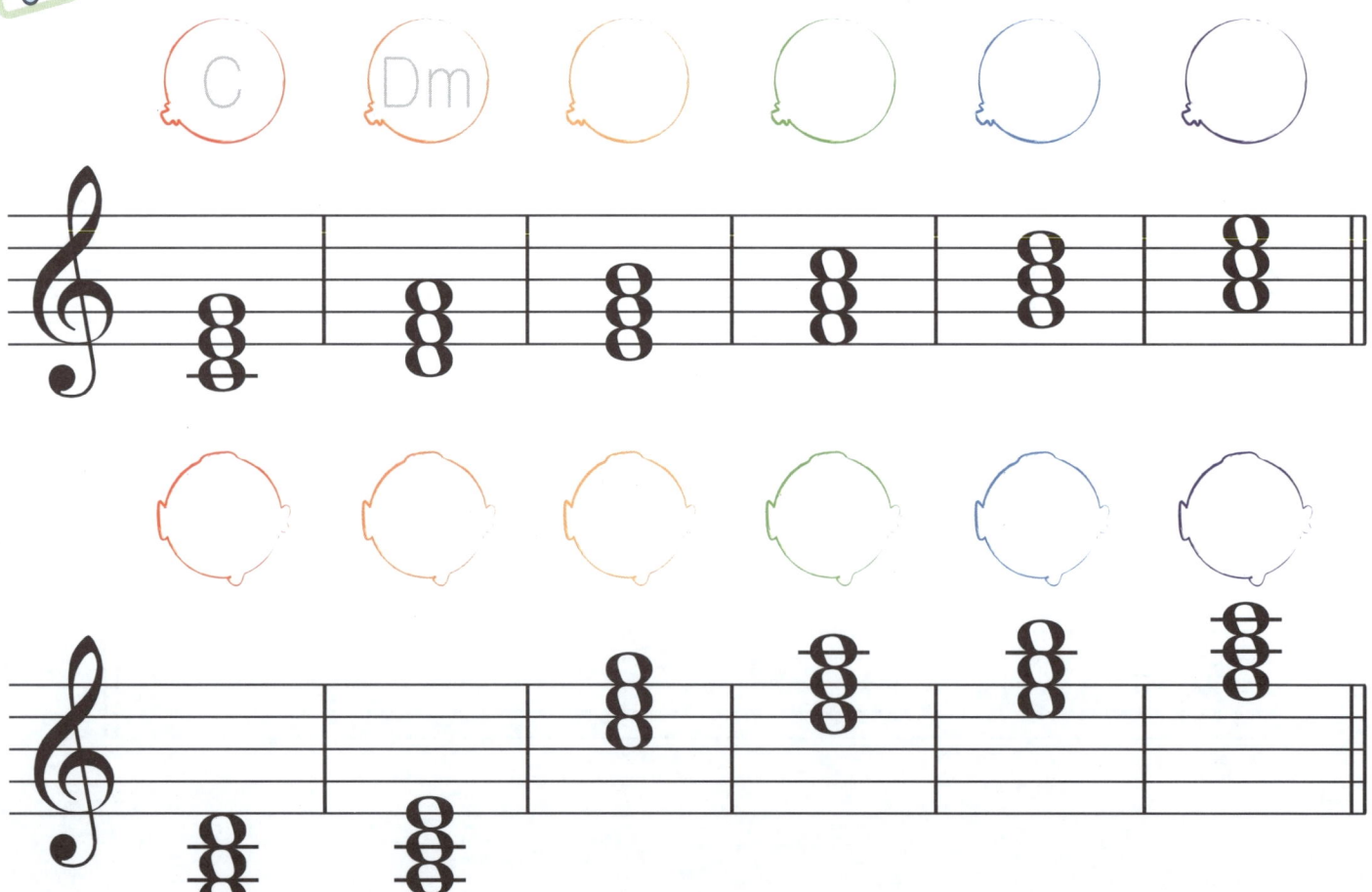

C   Dm

확인

● 임시표가 붙은 장3화음과 단3화음을 잘 확인하세요.

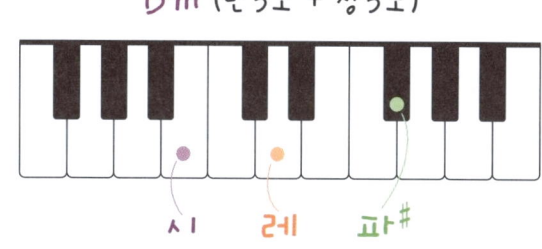

 3화음의 **코드**를 써 보세요.

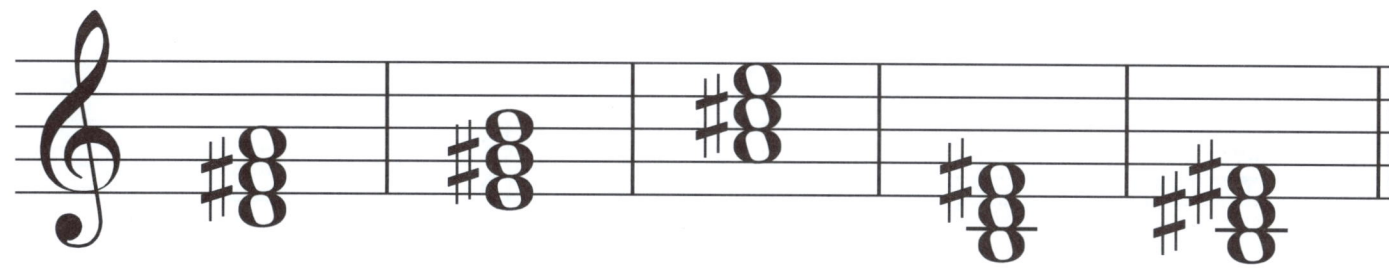

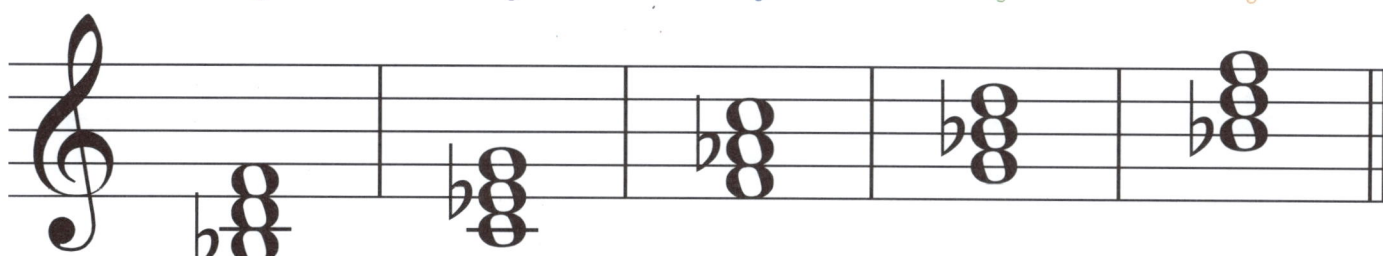

 3화음의 **고정도법 계이름**을 쓰고 **코드**를 따라서 써 보세요.

룰루랄라 기초 이론

장3화음을 **단3화음**으로 바꾸어 보세요.

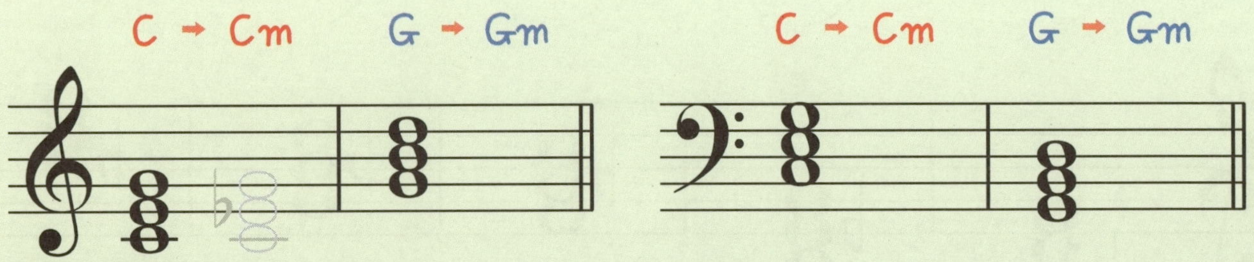

C → Cm   G → Gm   C → Cm   G → Gm

 3화음의 고정도법 계이름을 쓰고 코드를 써 보세요.

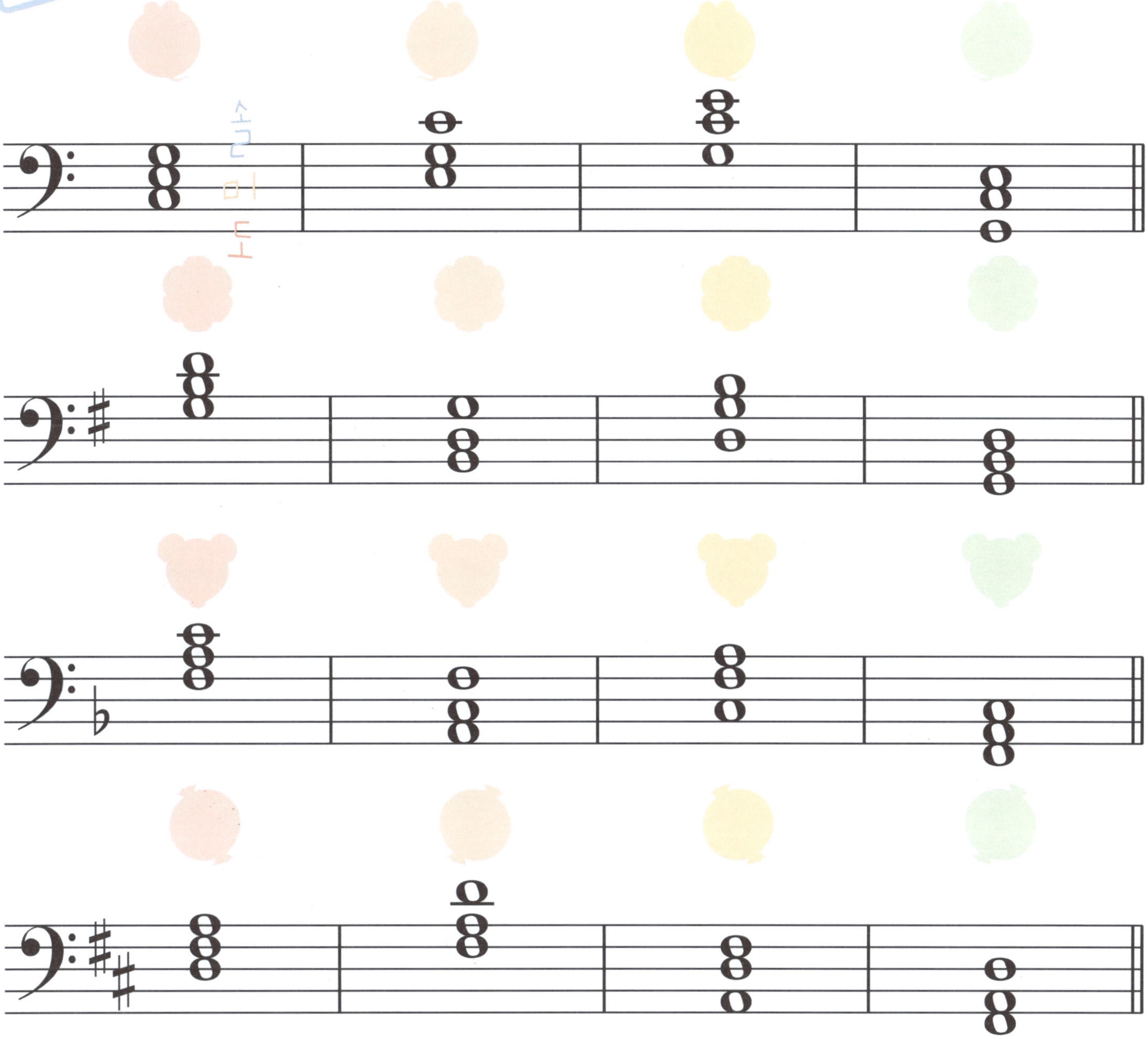

룰루랄라 기초 이론

장3화음을 단3화음으로 바꾸어 보세요.

F → Fm　　D → Dm　　　　F → Fm　　D → Dm

룰루랄라
계이름 공부

 3화음의 **고정도법 계이름**을 쓰고 **코드**를 따라서 써 보세요.

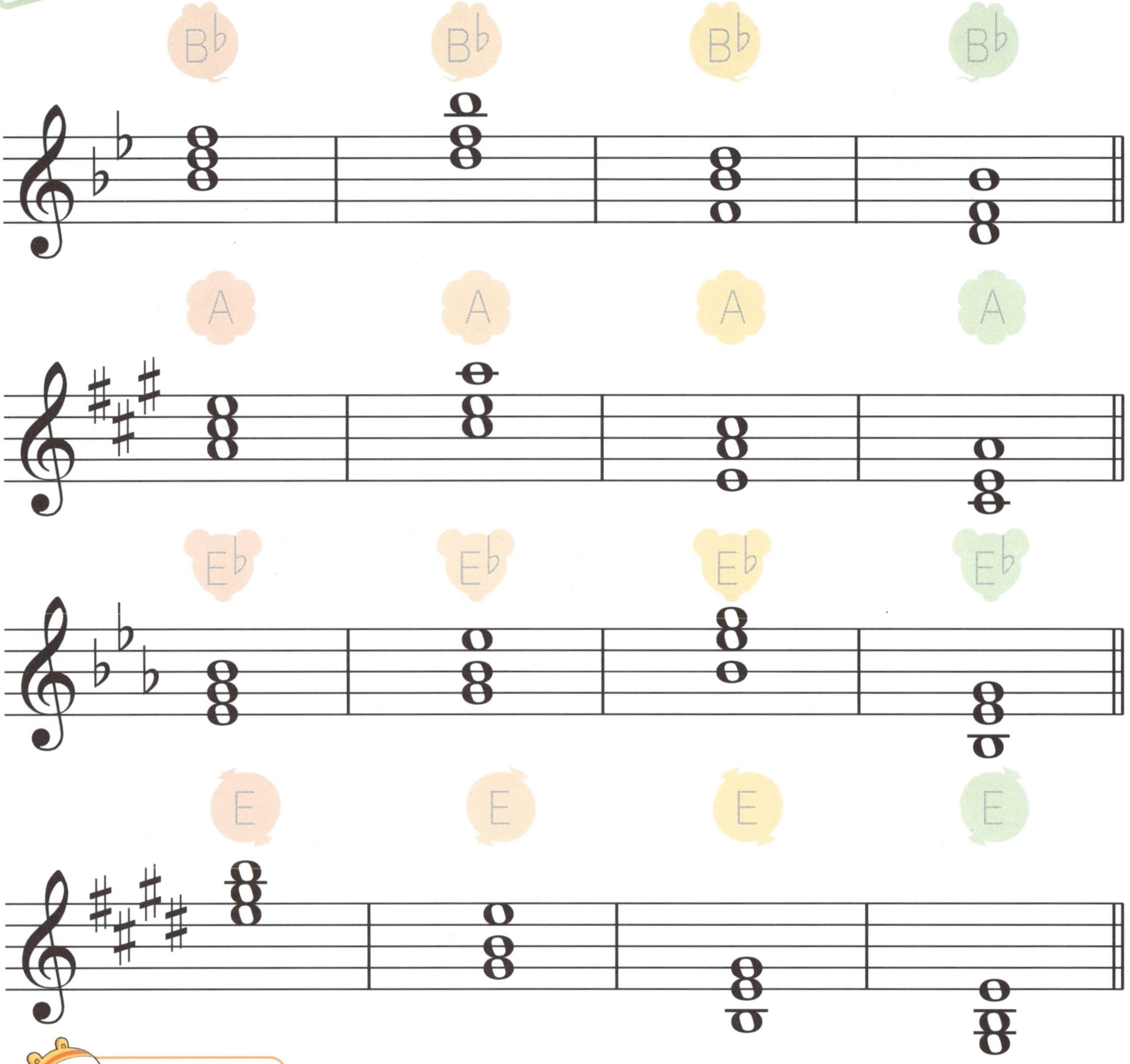

룰루랄라 기초 이론

장3화음을 **단3화음**으로 바꾸어 보세요.

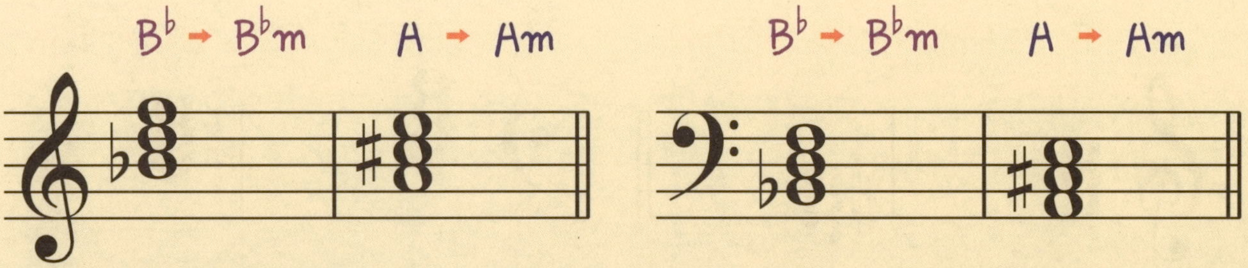

Bb → Bbm   A → Am   Bb → Bbm   A → Am

 3화음의 고정도법 계이름을 쓰고 코드를 써 보세요.

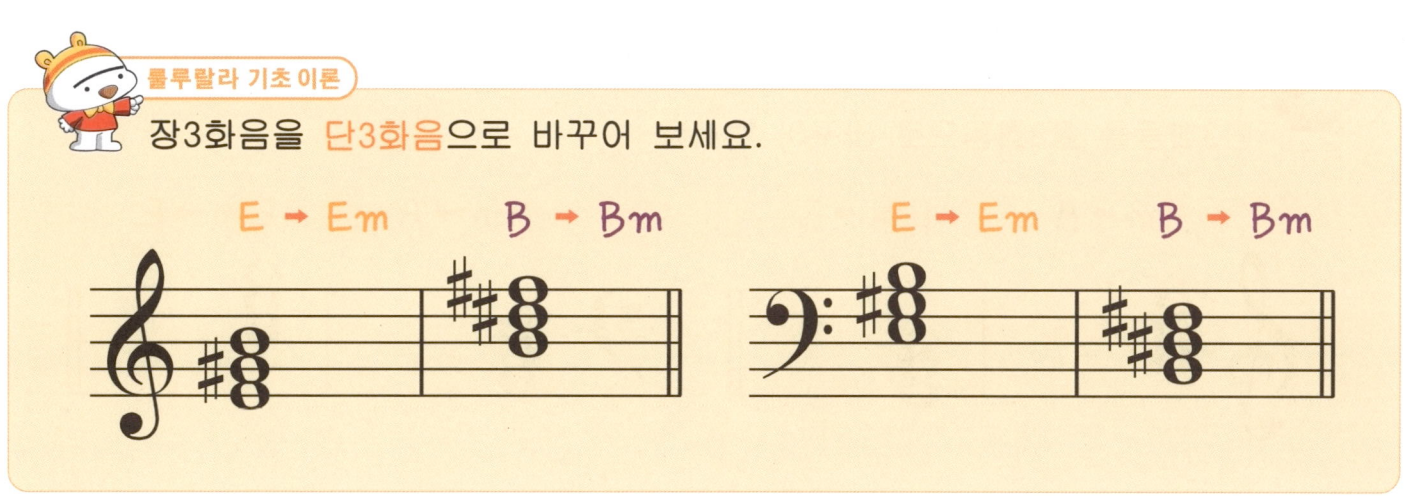

룰루랄라 기초 이론

장3화음을 단3화음으로 바꾸어 보세요.

E → Em   B → Bm   E → Em   B → Bm

 3화음의 **고정도법 계이름**을 쓰고 **코드**를 따라서 써 보세요.

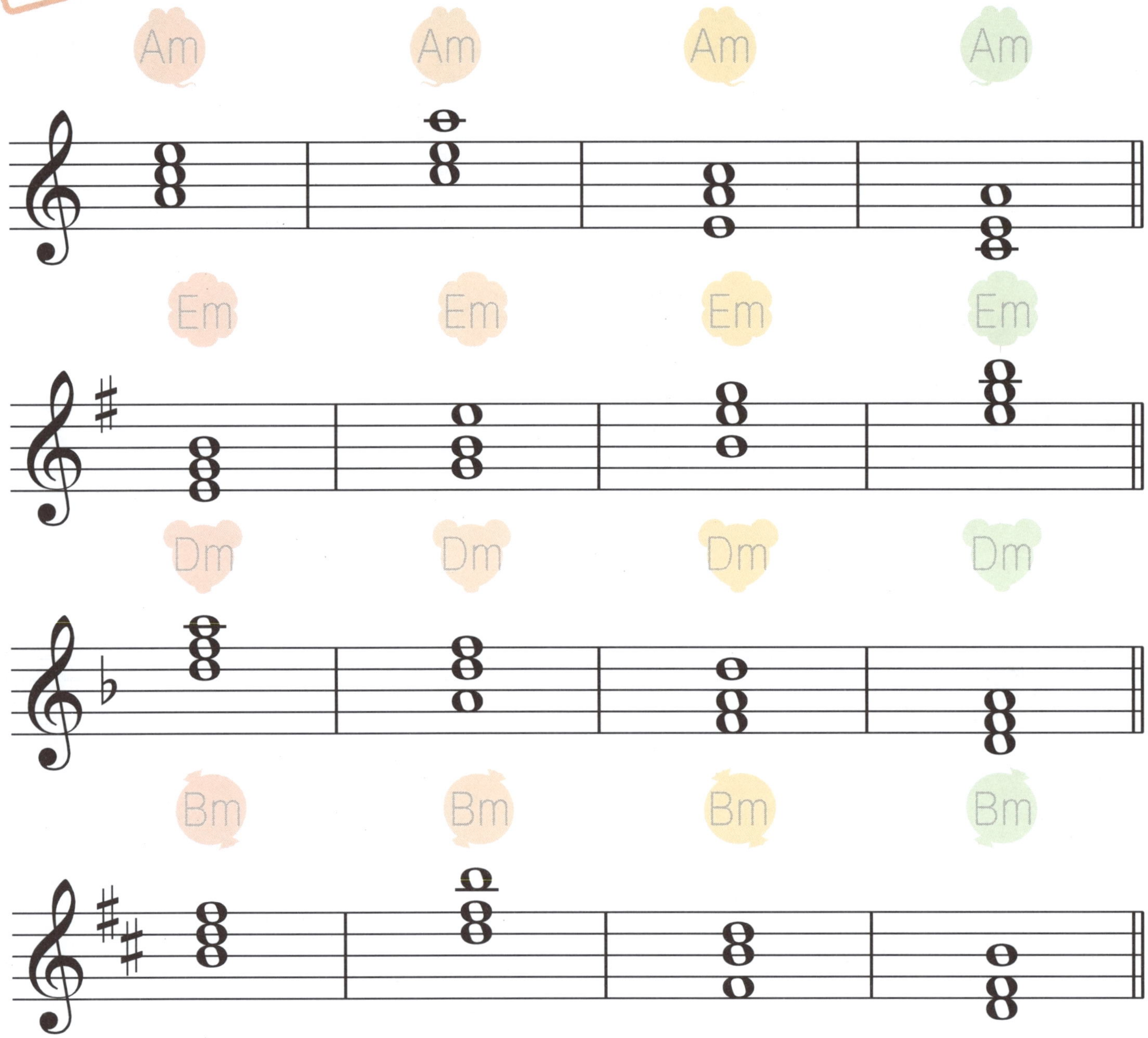

룰루랄라 기초 이론

단3화음을 **장3화음**으로 바꾸어 보세요.

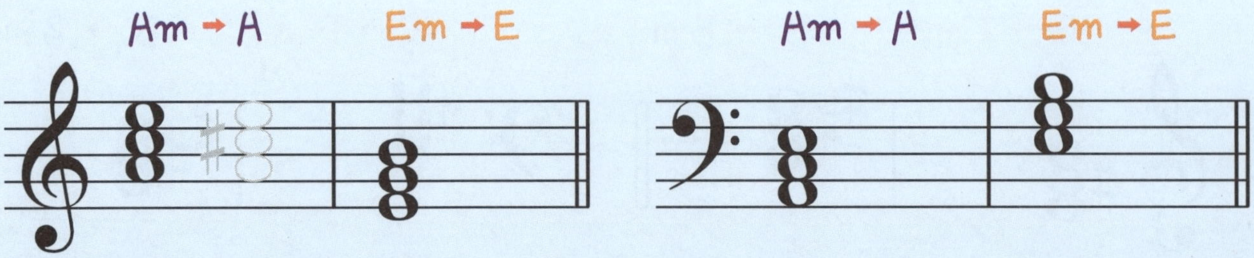

Am → A　　Em → E　　　　Am → A　　Em → E

 3화음의 고정도법 계이름을 쓰고 코드를 써 보세요.

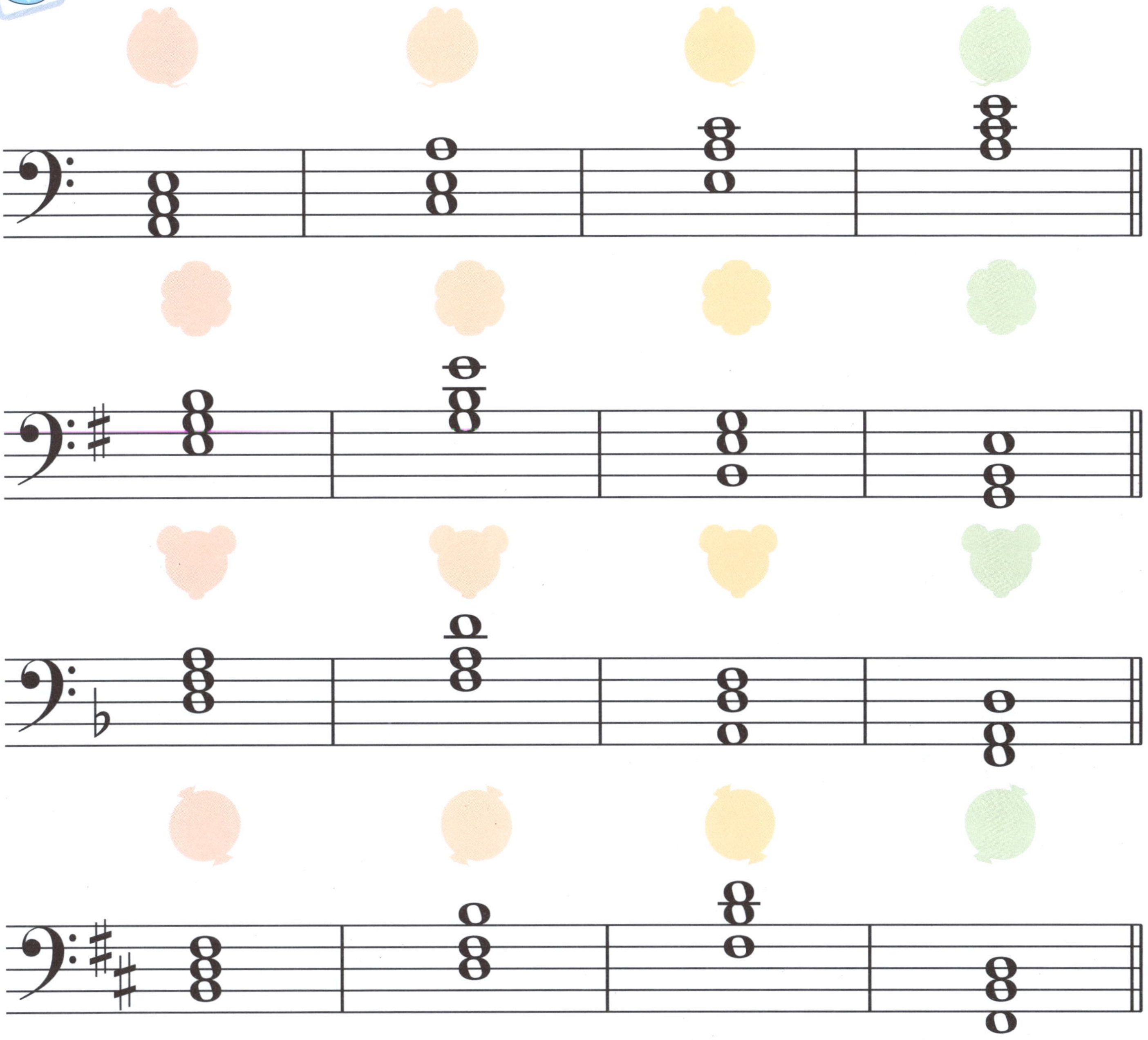

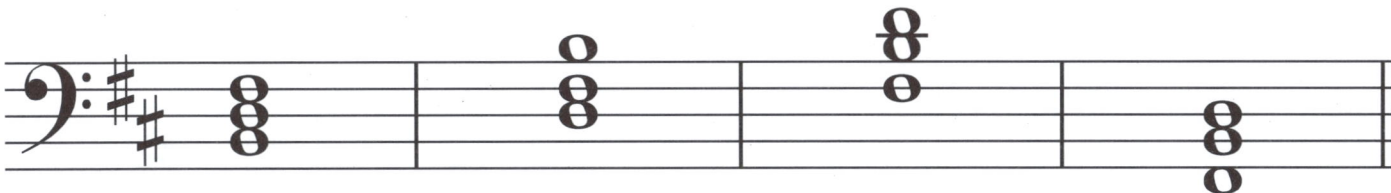

룰루랄라 기초 이론

단3화음을 장3화음으로 바꾸어 보세요.

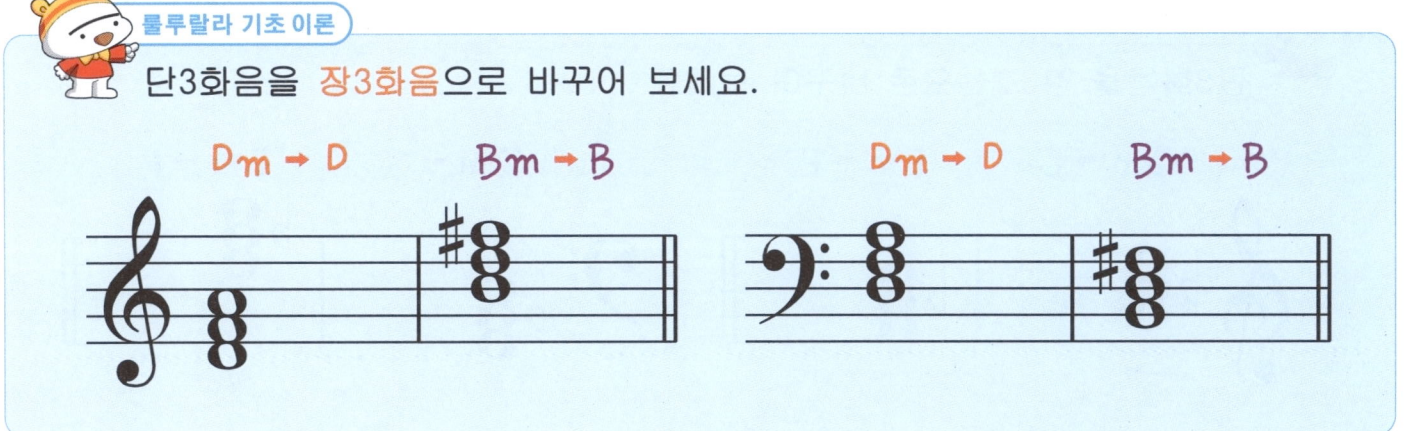

 3화음의 고정도법 계이름을 쓰고 코드를 따라서 써 보세요.

Gm   Gm   Gm   Gm

F#m   F#m   F#m   F#m

Cm   Cm   Cm   Cm

C#m   C#m   C#m   C#m

룰루랄라 기초 이론

단3화음을 장3화음으로 바꾸어 보세요.

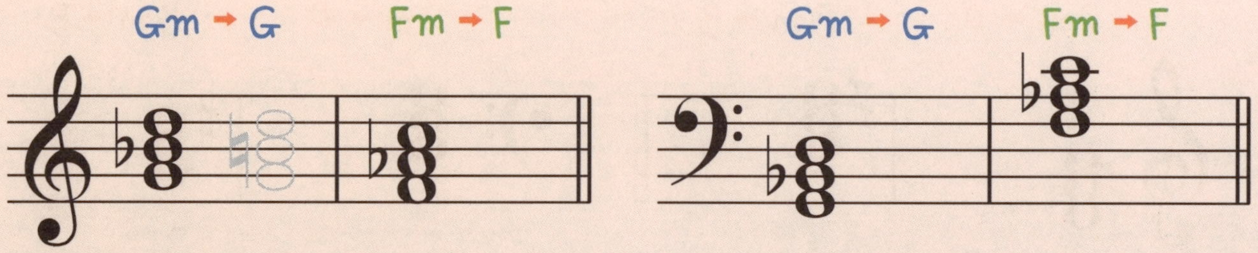

Gm ➡ G   Fm ➡ F   Gm ➡ G   Fm ➡ F

 3화음의 **고정도법 계이름**을 쓰고 **코드**를 써 보세요.

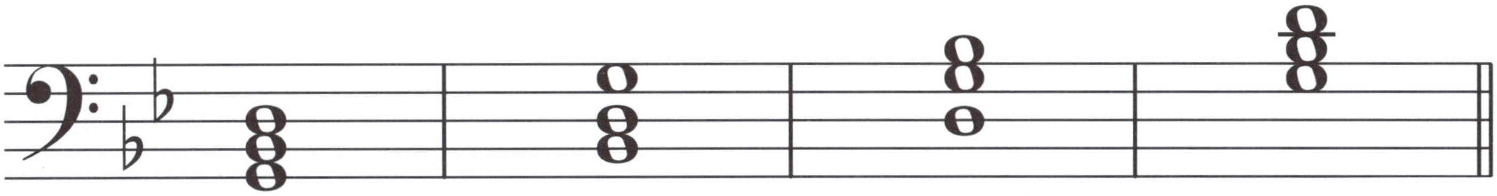

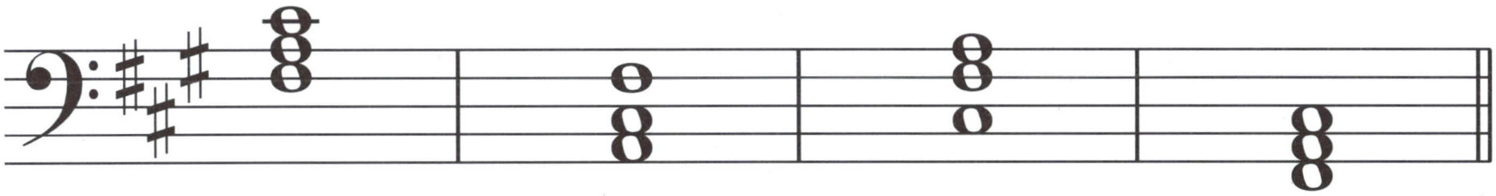

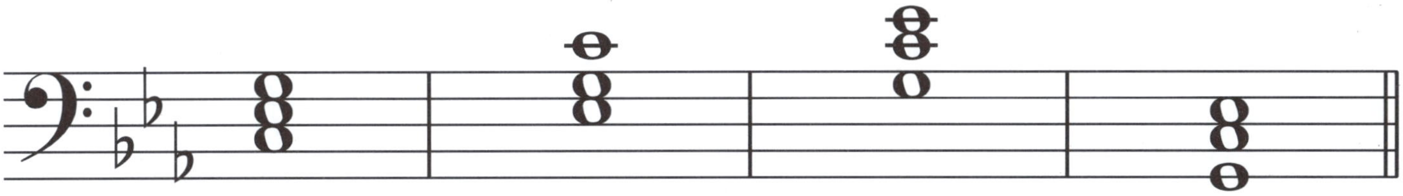

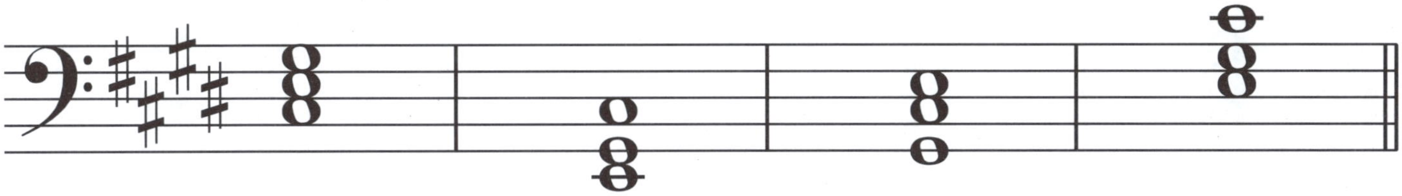

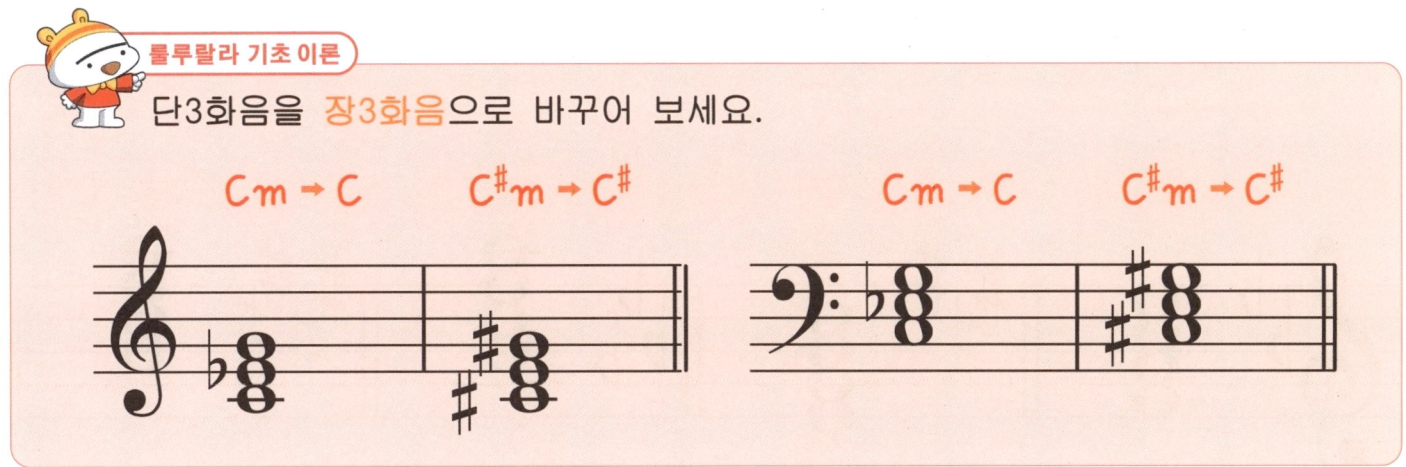

룰루랄라 기초 이론

단3화음을 **장3화음**으로 바꾸어 보세요.

Cm → C   C#m → C#   Cm → C   C#m → C#

● 딸림화음 위에 다시 **단3도** 음을 더하면 **딸림7화음**이 됩니다.
메이저 코드 옆에 **7**을 쓰고 O세븐, 또는 O세븐스라고 읽습니다.

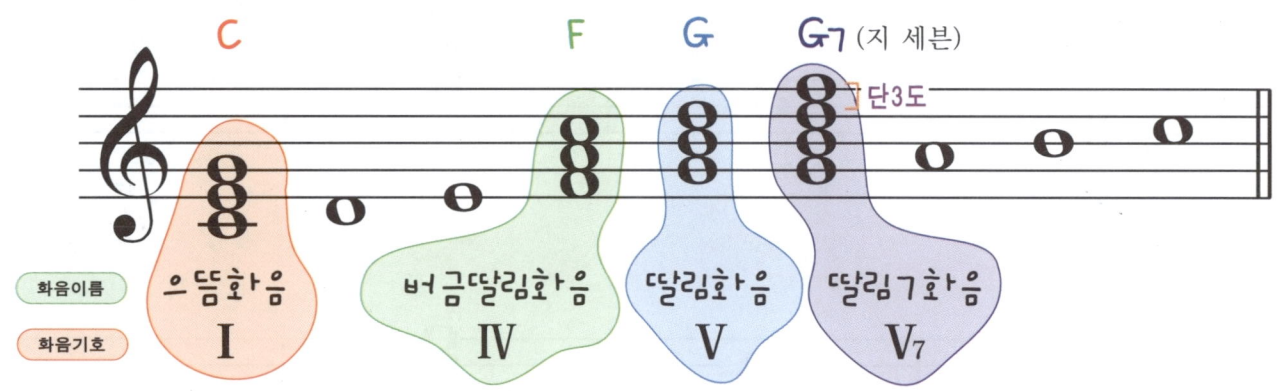

딸림7화음 = 장3화음 + 단3도

 딸림7화음의 **고정도법 계이름**을 쓰고 **코드**를 따라서 써 보세요.

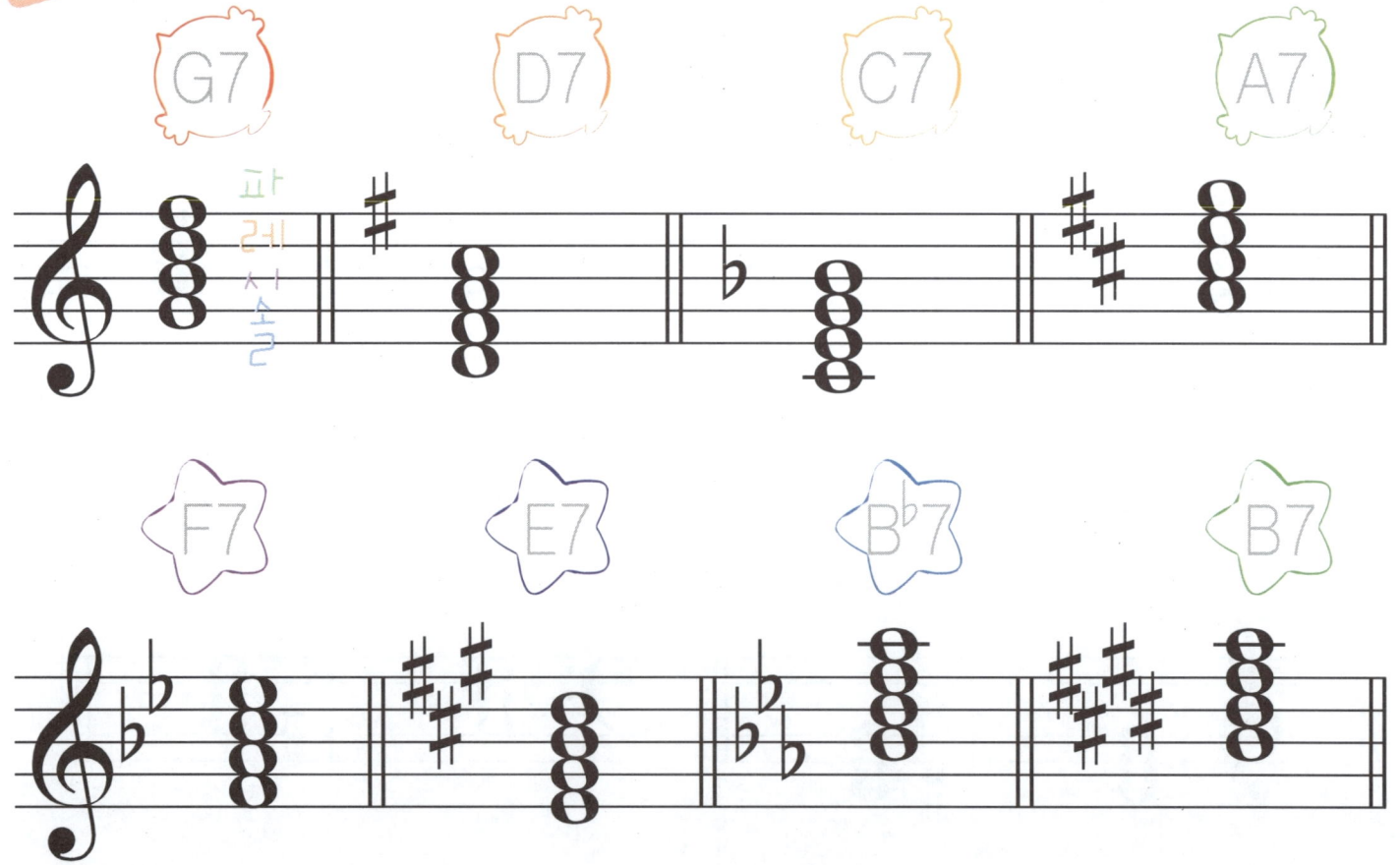

 아래의 음을 밑음으로 하여 **딸림7화음**을 그리고 **코드**를 써 보세요.

C7

C7

45

룰루랄라
계이름 공부

● 딸림7화음은 5음을 빼고 3화음과 같이 **자리바꿈**하여 잘 사용됩니다.

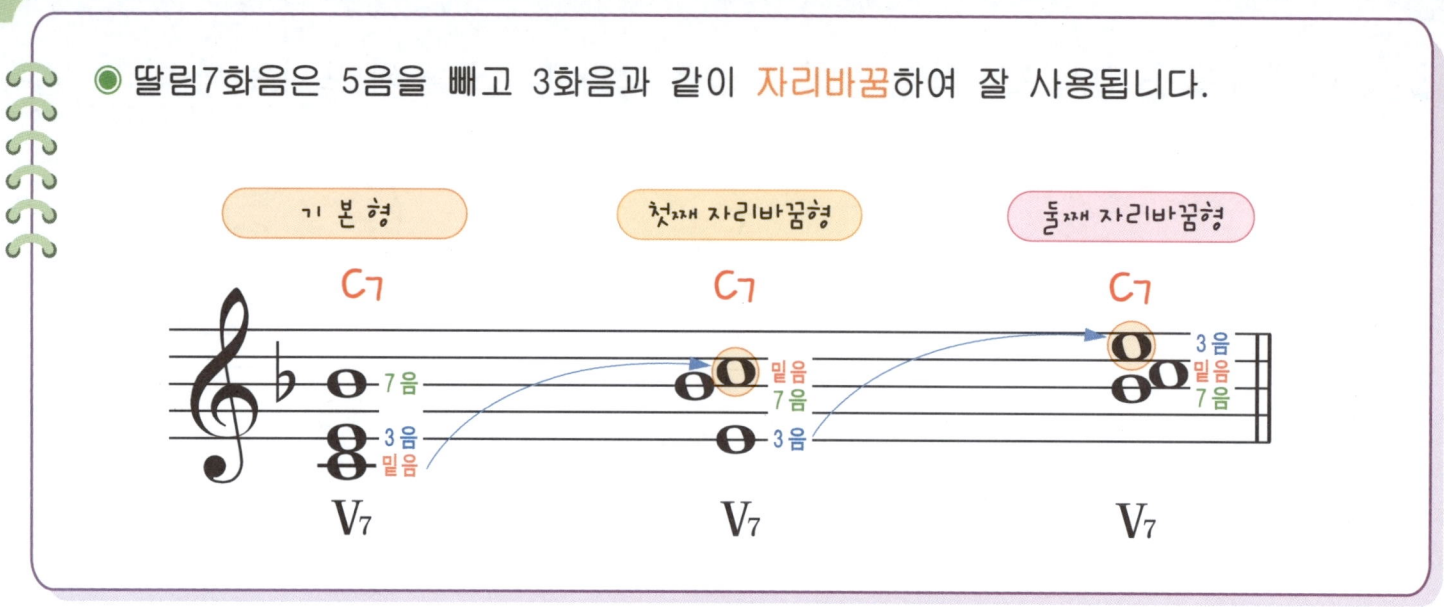

기 본 형   첫째 자리바꿈형   둘째 자리바꿈형

5음을 뺀 딸림7화음의 **자리바꿈형**을 따라서 그려 보세요.

D₇ →

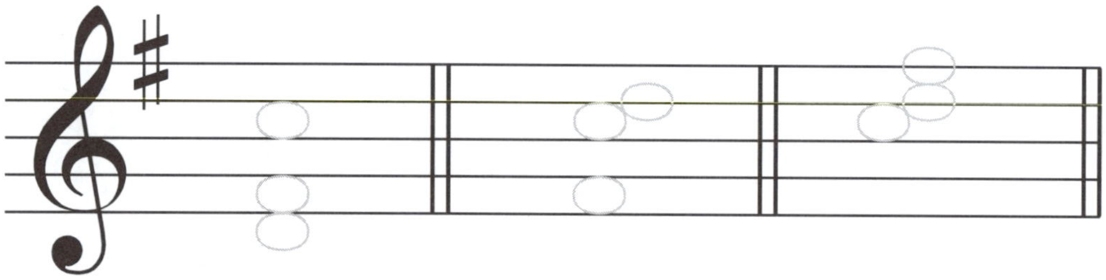

기 본 형   첫째 자리바꿈형   둘째 자리바꿈형

E₇ →

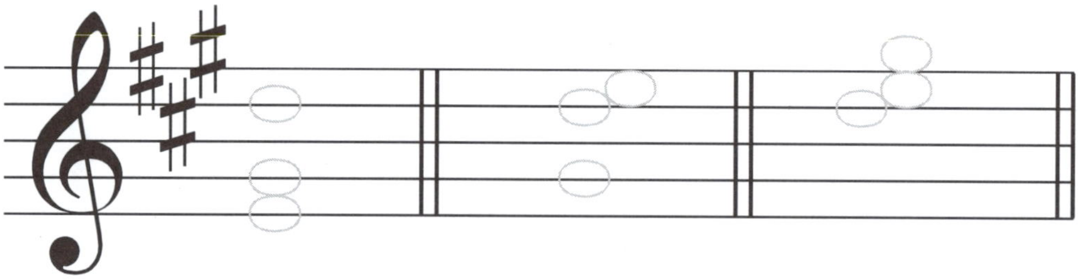

기 본 형   첫째 자리바꿈형   둘째 자리바꿈형

F₇ →

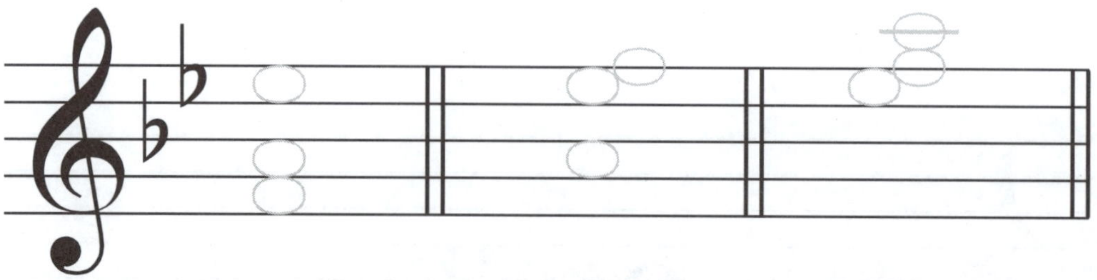

기 본 형   첫째 자리바꿈형   둘째 자리바꿈형

룰루랄라 계이름 공부 **활용편 총정리~~**

확인

 5음을 뺀 딸림7화음의 자리바꿈형을 따라서 그려 보세요.

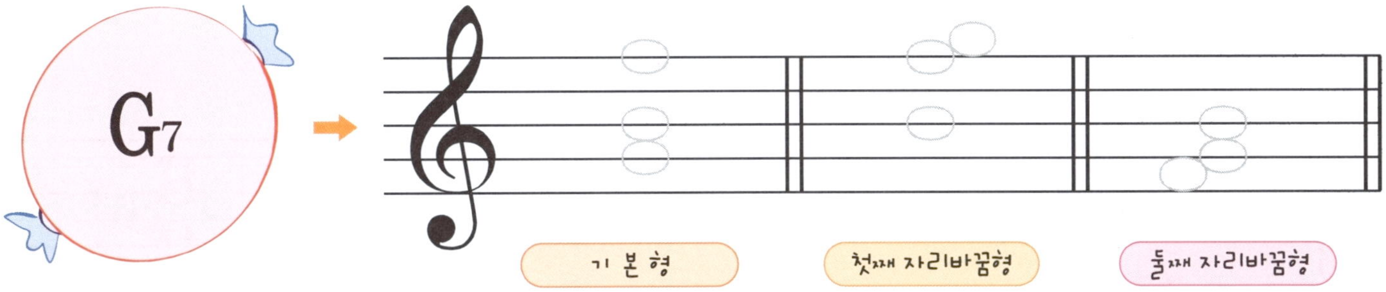

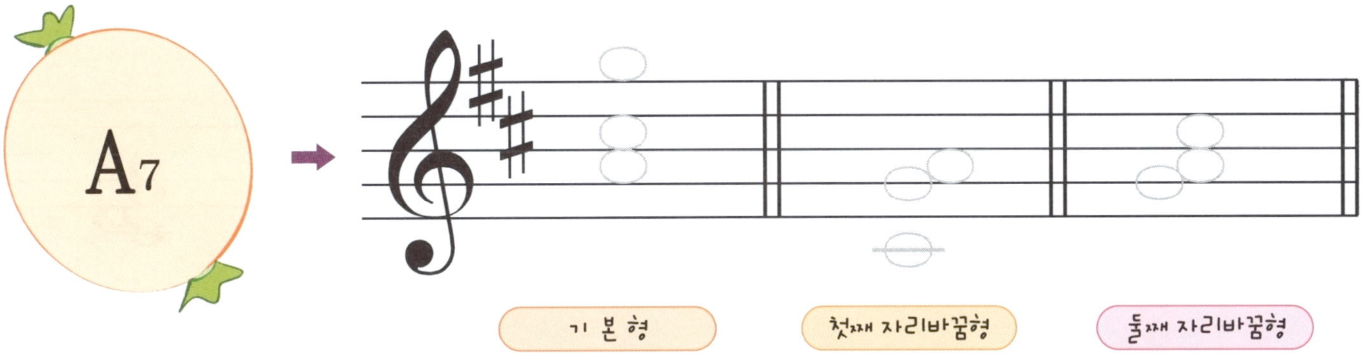

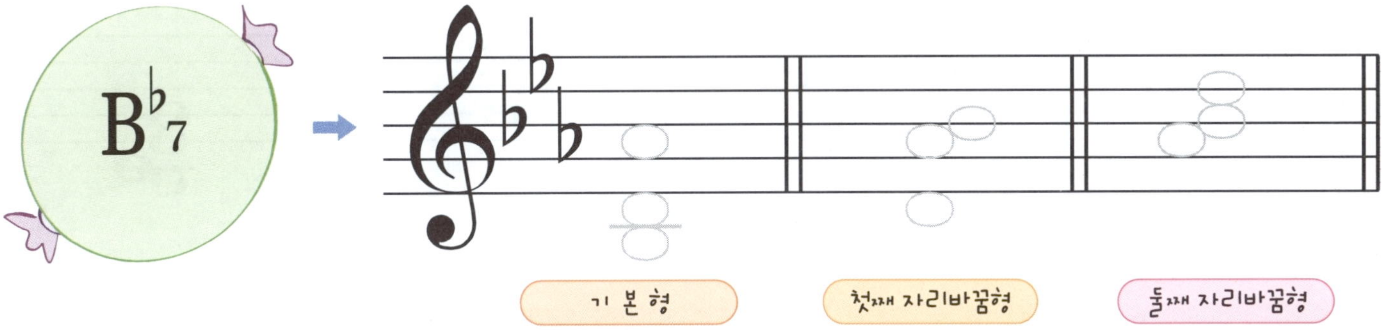

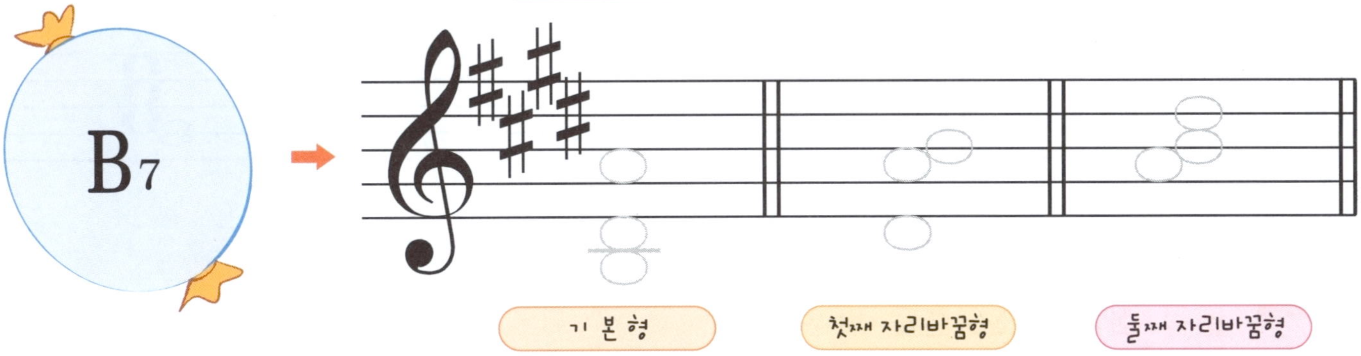

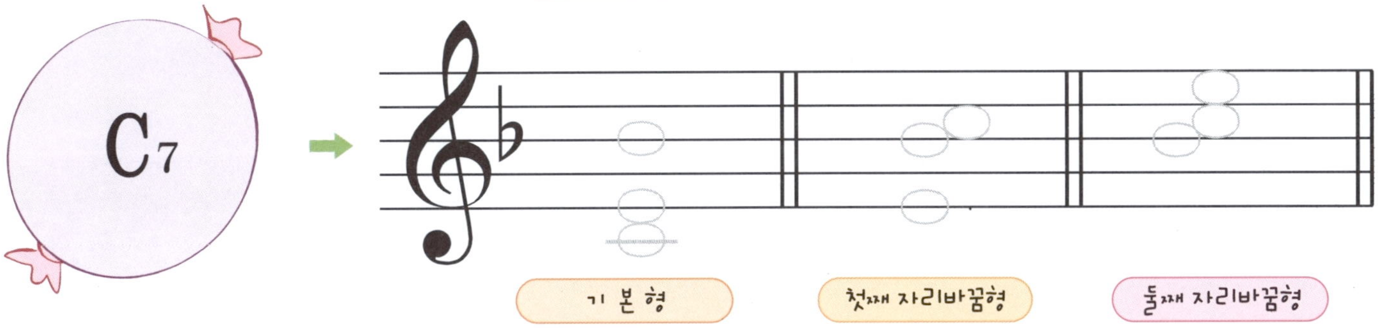

G7 →

기 본 형 　　　첫째 자리바꿈형 　　　둘째 자리바꿈형

A7 →

기 본 형 　　　첫째 자리바꿈형 　　　둘째 자리바꿈형

B♭7 →

기 본 형 　　　첫째 자리바꿈형 　　　둘째 자리바꿈형

B7 →

기 본 형 　　　첫째 자리바꿈형 　　　둘째 자리바꿈형

C7 →

기 본 형 　　　첫째 자리바꿈형 　　　둘째 자리바꿈형

 딸림7화음의 **고정도법 계이름**을 쓰고 **코드**를 따라서 써 보세요.

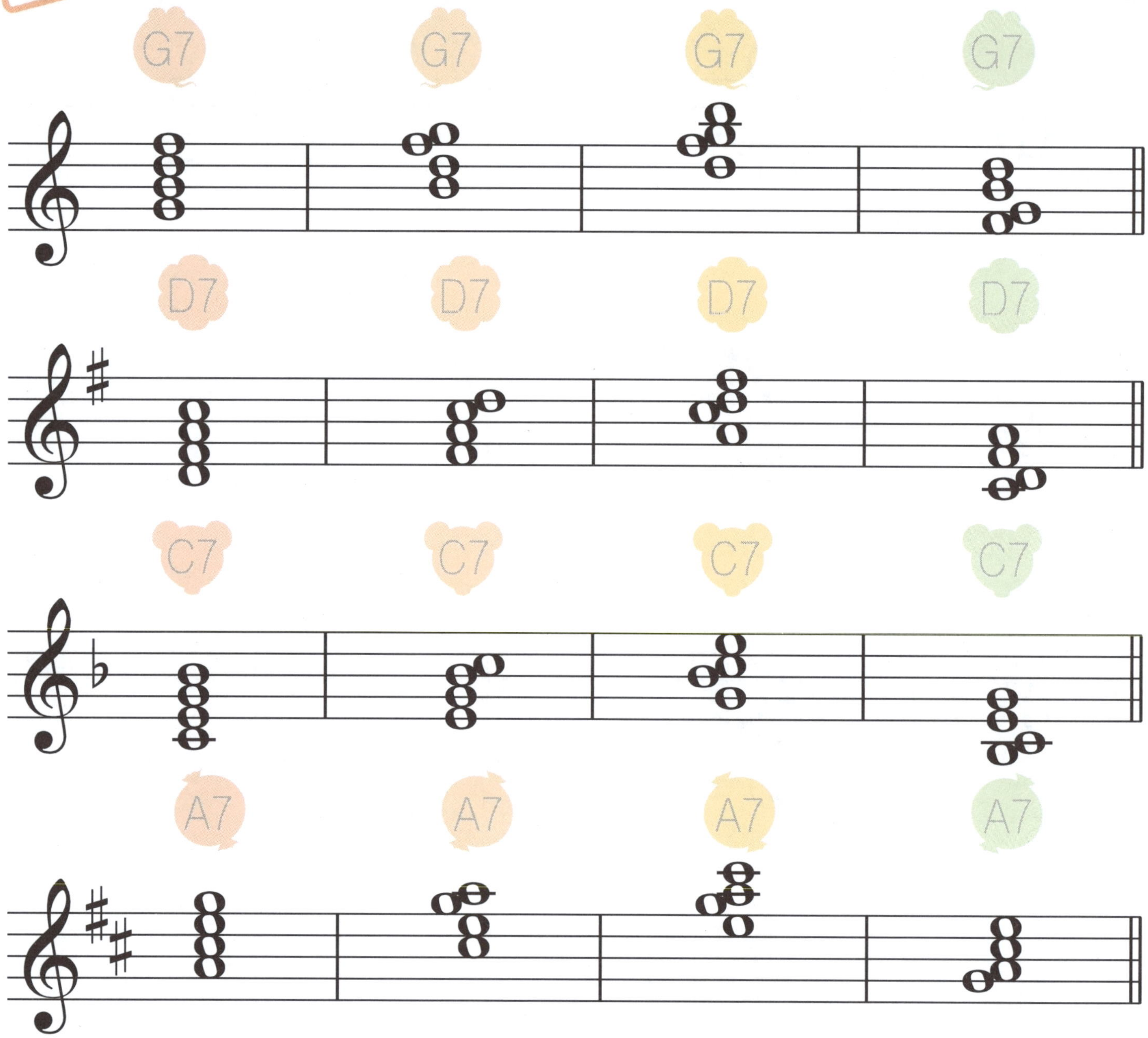

G7 G7 G7 G7

D7 D7 D7 D7

C7 C7 C7 C7

A7 A7 A7 A7

룰루랄라 기초 이론

딸림7화음과 **조이름**을 써 보세요.

G7→다장조, G7→ , G7→

D7→사장조, D7→ , D7→

 딸림7화음의 **고정도법 계이름**을 쓰고 **코드**를 써 보세요.

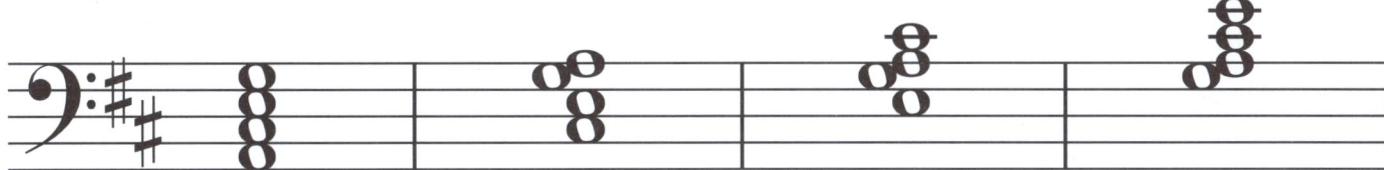 룰루랄라 기초 이론

딸림7화음과 **조이름**을 써 보세요.

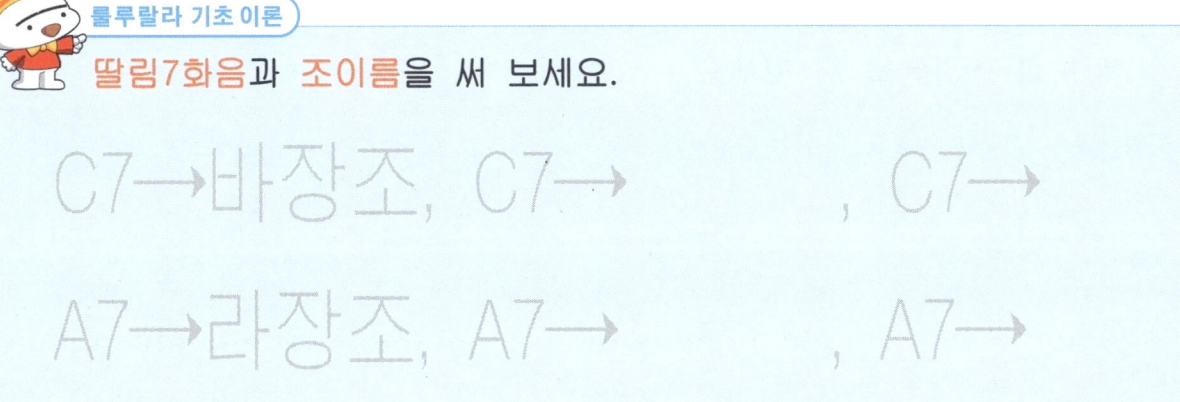

C7→바장조, C7→ , C7→

A7→라장조, A7→ , A7→

 딸림7화음의 **고정도법 계이름**을 쓰고 **코드**를 따라서 써 보세요.

F7   F7   F7   F7

E7   E7   E7   E7

B♭7   B♭7   B♭7   B♭7

B7   B7   B7   B7

룰루랄라 기초 이론

딸림7화음과 **조이름**을 써 보세요.

F7→내림나장조, F7→   , F7→

E7→가장조, E7→   , E7→

 딸림7화음의 **고정도법 계이름**을 쓰고 **코드**를 써 보세요.

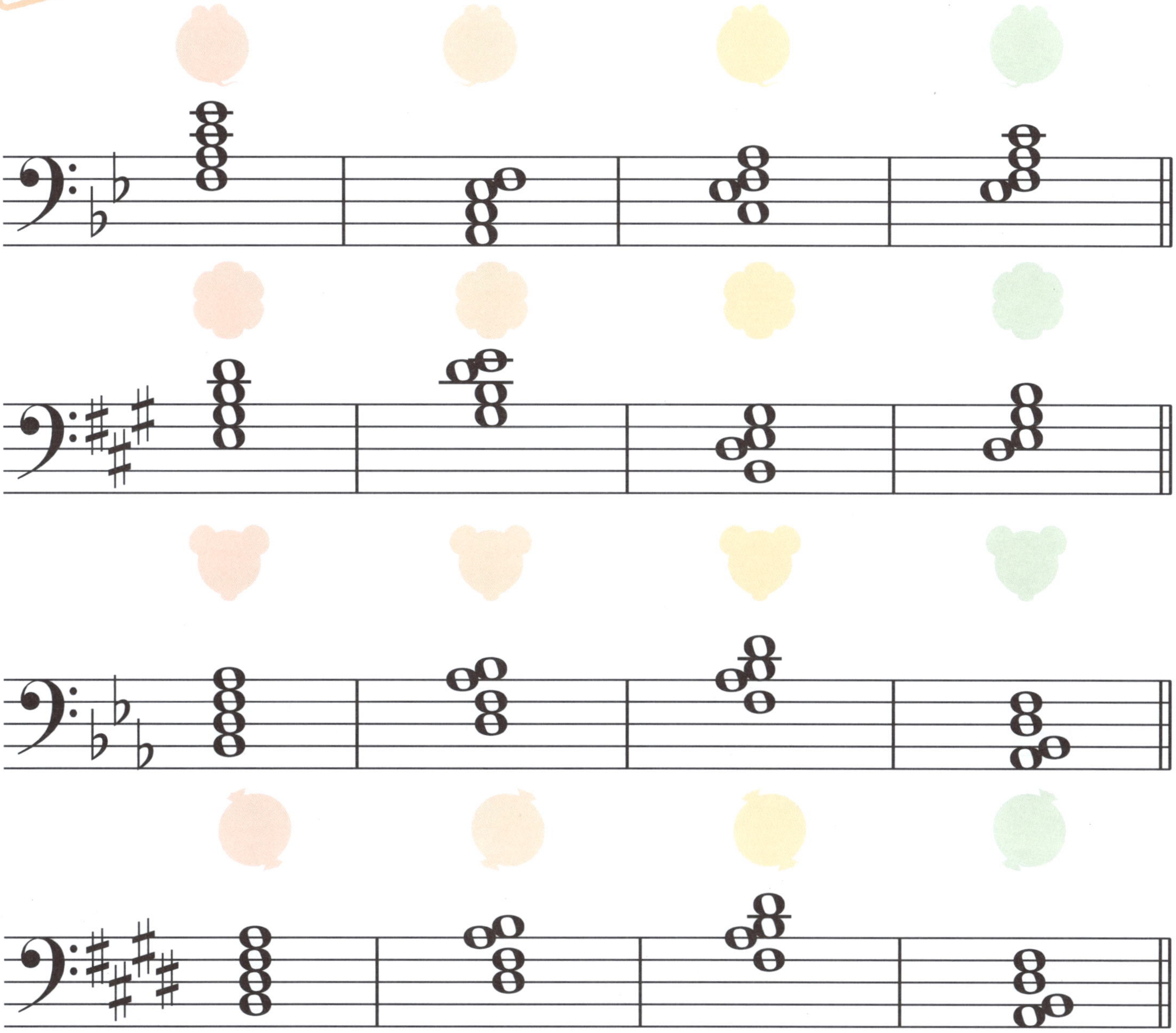

룰루랄라 기초 이론

딸림7화음과 조이름을 써 보세요.

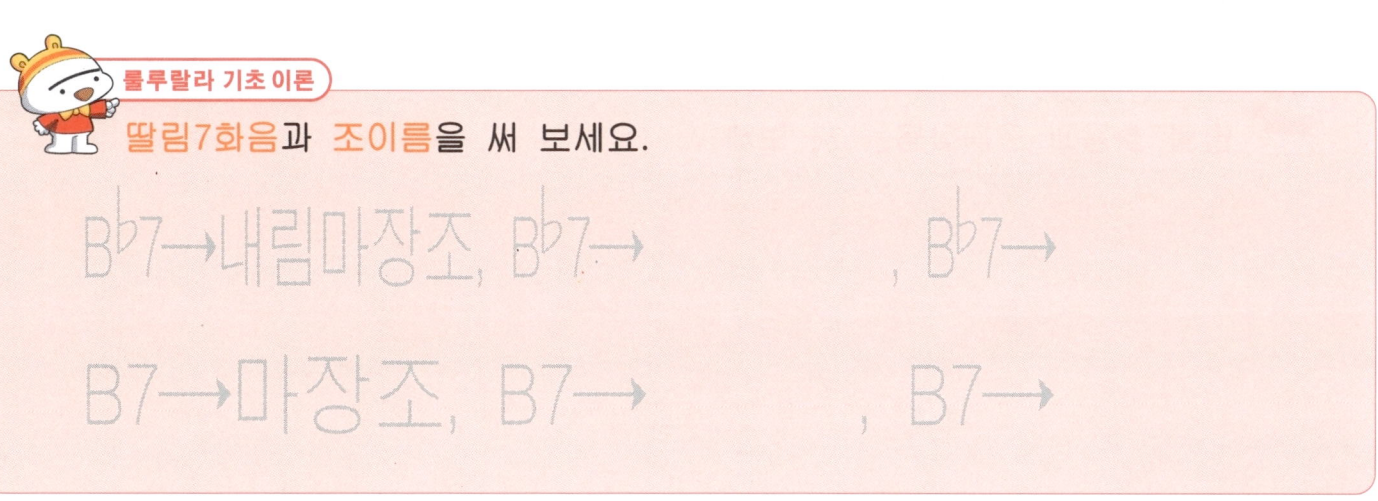

 5음을 뺀 딸림7화음의 **고정도법 계이름**을 쓰고 **코드**를 따라서 써 보세요.

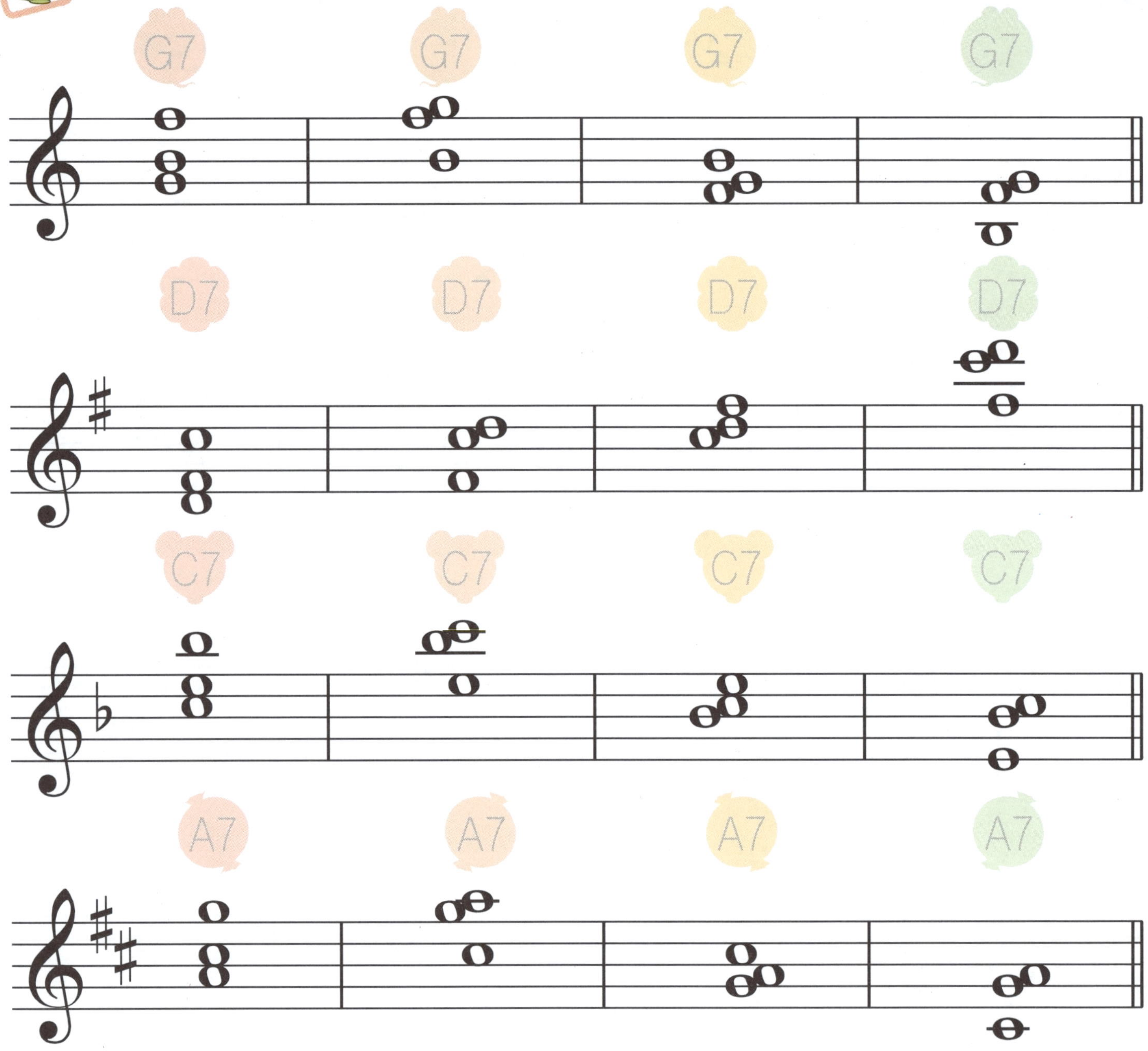

G7   G7   G7   G7

D7   D7   D7   D7

C7   C7   C7   C7

A7   A7   A7   A7

룰루랄라 기초 이론

딸림7화음과 **으뜸화음**을 써 보세요.

G7→C, G7→ , G7→ , G7→

D7→G, D7→ , D7→ , D7→

 월 일

룰루랄라
계이름 공부

 5음을 뺀 딸림7화음의 **고정도법 계이름**을 쓰고 **코드**를 써 보세요.

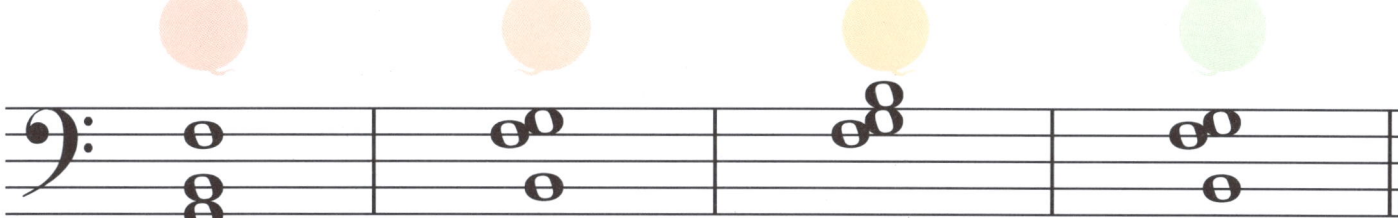

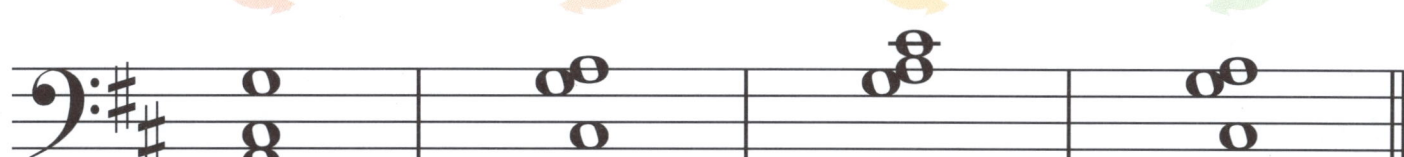

룰루랄라 기초 이론

딸림7화음과 **으뜸화음**을 써 보세요.

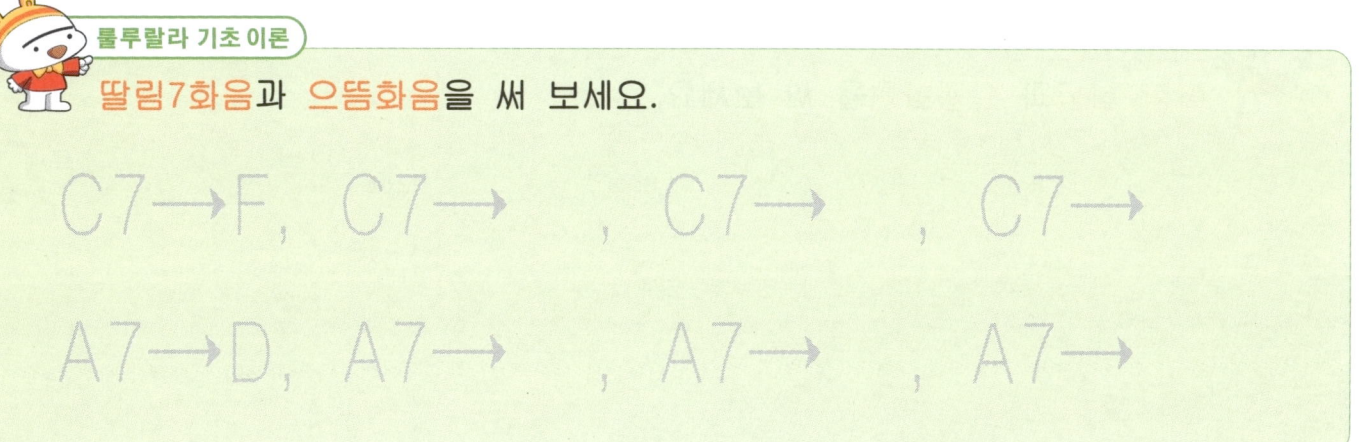

C7→F, C7→ , C7→ , C7→

A7→D, A7→ , A7→ , A7→

 5음을 뺀 딸림7화음의 **고정도법 계이름**을 쓰고 **코드**를 따라서 써 보세요.

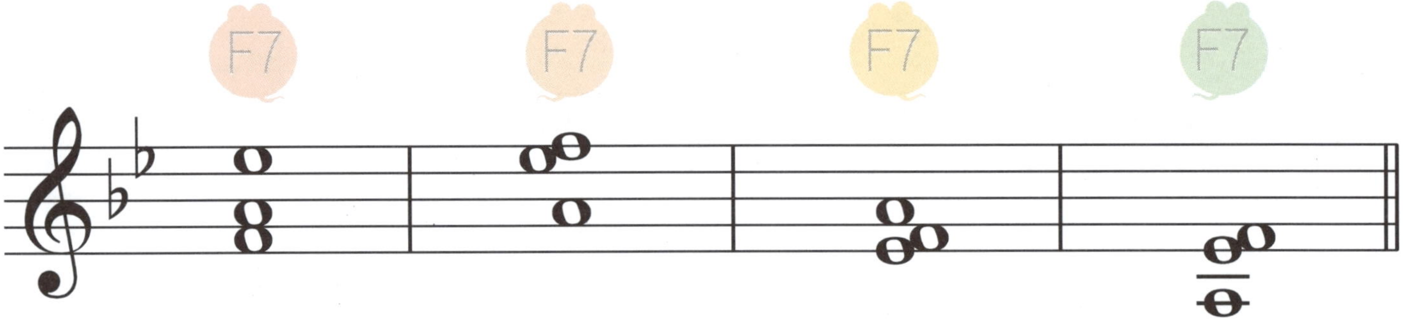

F7　　F7　　F7　　F7

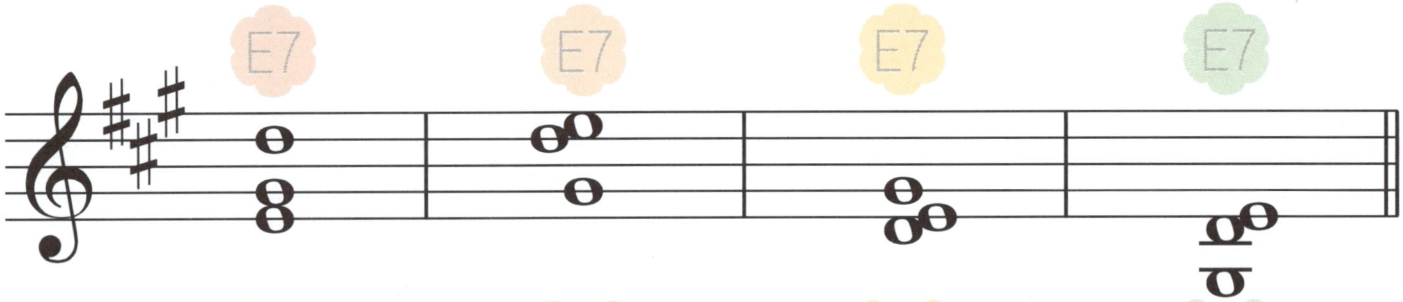

E7　　E7　　E7　　E7

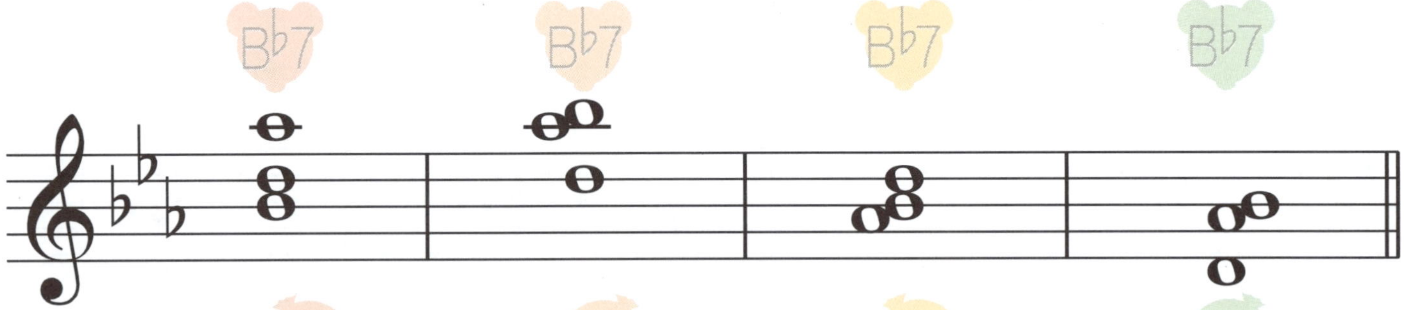

B♭7　　B♭7　　B♭7　　B♭7

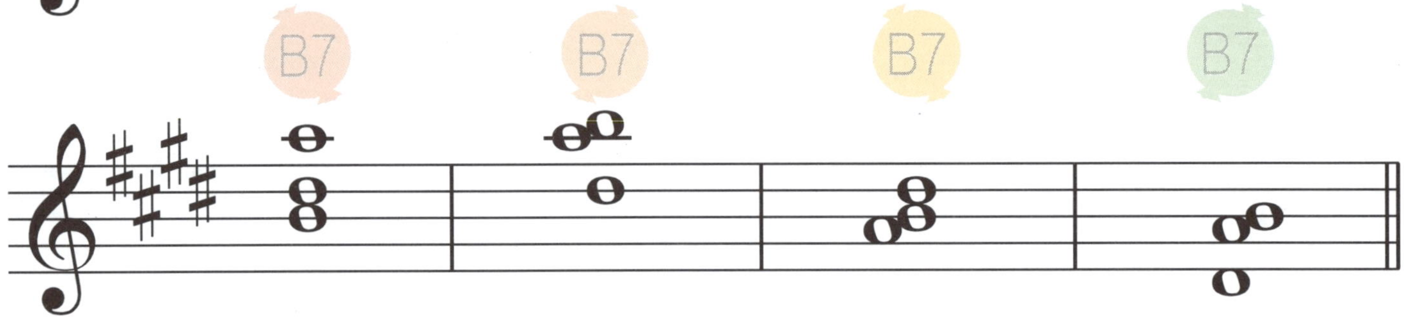

B7　　B7　　B7　　B7

룰루랄라 기초 이론

딸림7화음과 **으뜸화음**을 써 보세요.

F7→B♭,　F7→　　,　F7→　　,　F7→

E7→A,　E7→　이,　E7→　　,　E7→

 5음을 뺀 딸림7화음의 **고정도법 계이름**을 쓰고 **코드**를 써 보세요.

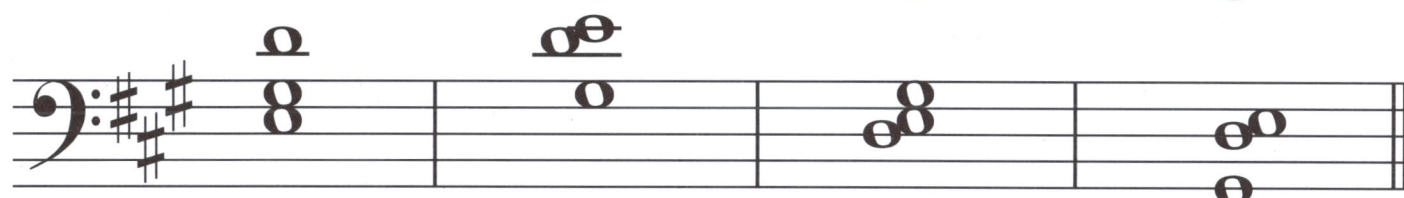

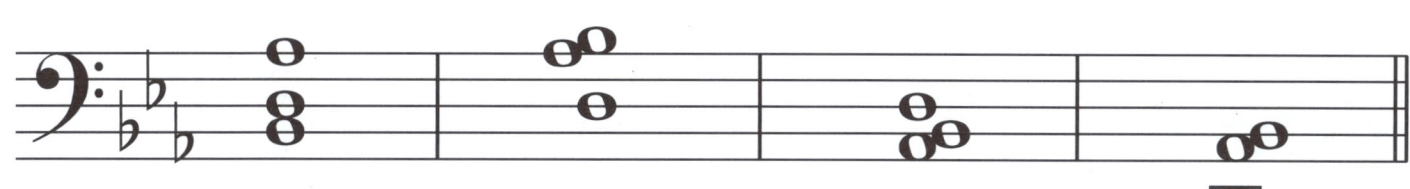

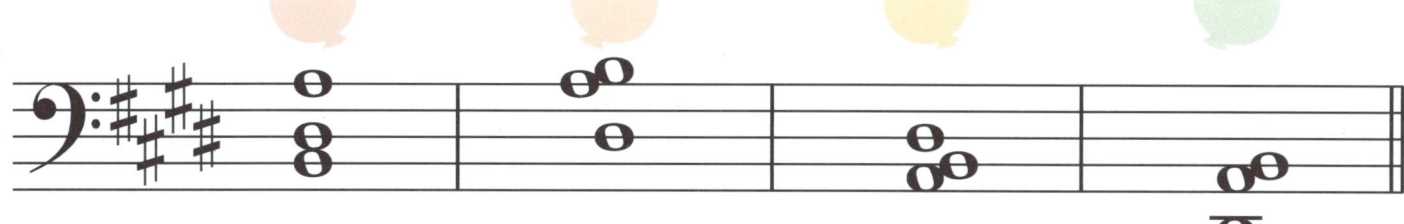

 **룰루랄라 기초 이론**

딸림7화음과 **으뜸화음**을 써 보세요.

Bb7→Eb, Bb7→　　, Bb7→　　, Bb7→

B7→E, B7→　　, B7→　　, B7→

 주요3화음과 딸림7화음의 **고정도법 계이름**을 쓰고 **코드**를 따라서 써 보세요.

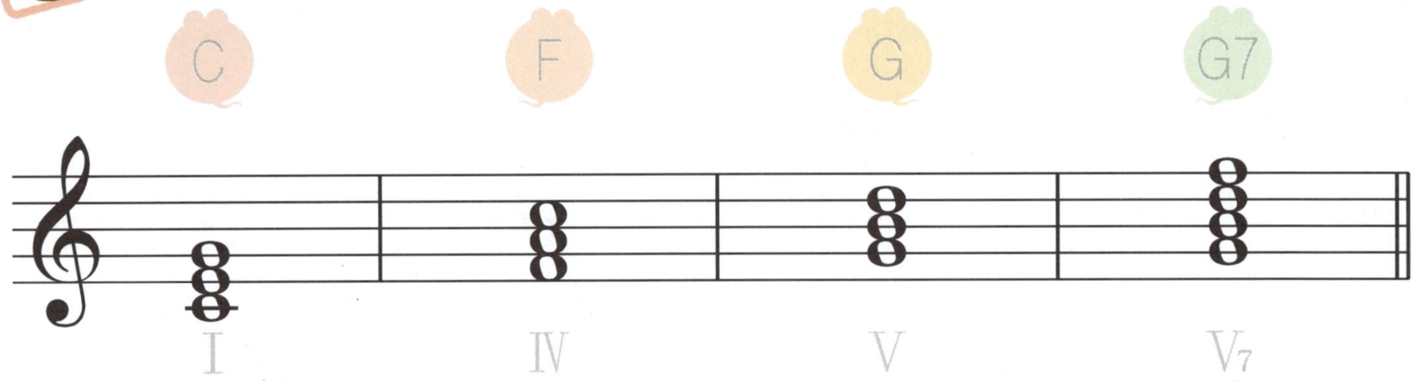

C   F   G   G7

I   IV   V   V7

G   C   D   D7

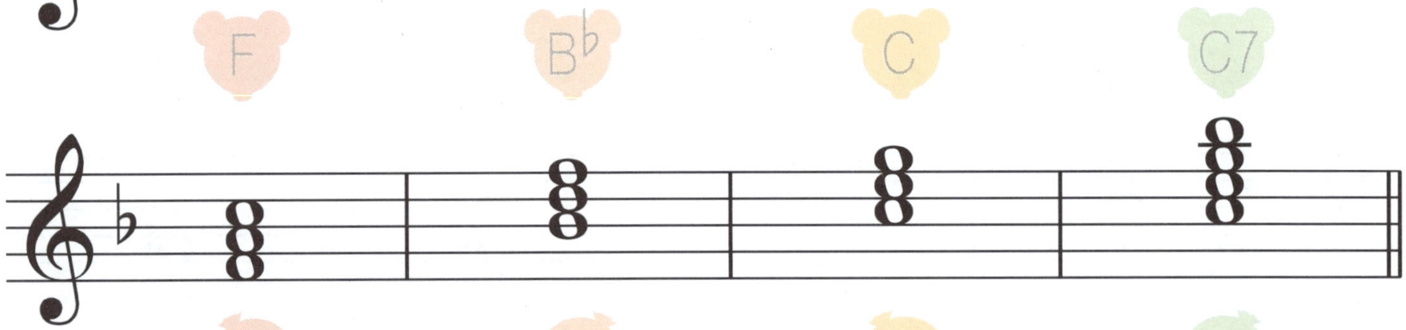

F   B♭   C   C7

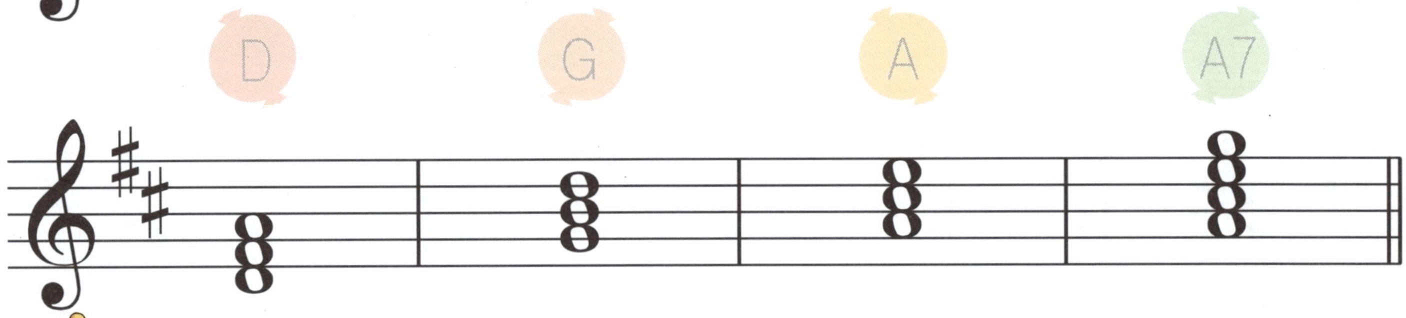

D   G   A   A7

룰루랄라 기초 이론

각 장조의 **주요3화음**을 코드로 써 보세요.

다장조→C F G, 다장조→

사장조→G C D, 사장조→

 주요3화음과 딸림7화음의 **고정도법 계이름**을 쓰고 **코드**를 써 보세요.

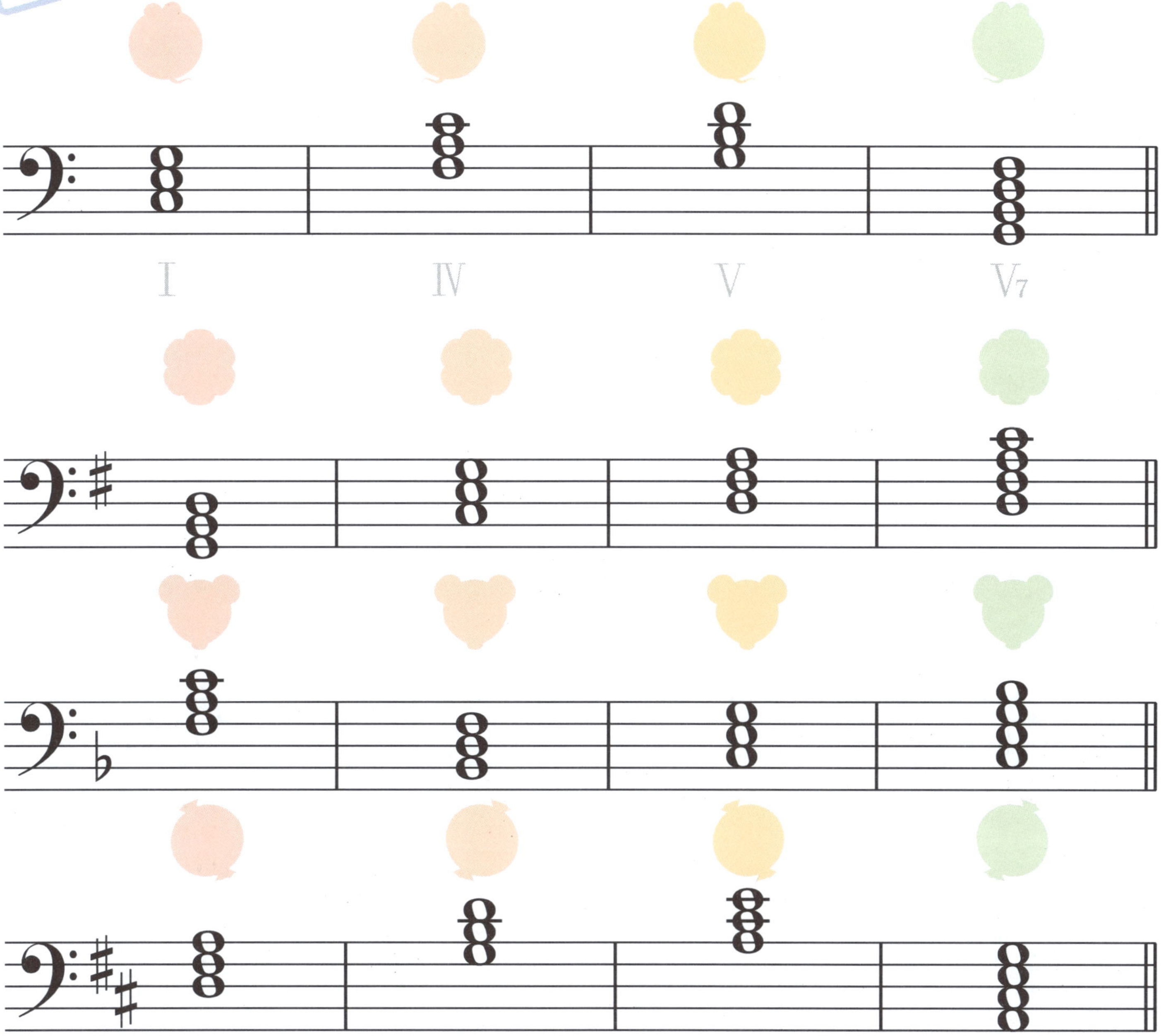

I   IV   V   V₇

룰루랄라 기초 이론

각 장조의 **주요3화음**을 코드로 써 보세요.

바장조 → F B♭ C, 바장조 →

라장조 → D G A, 라장조 →

 주요3화음과 딸림7화음의 **고정도법 계이름**을 쓰고 **코드**를 따라서 써 보세요.

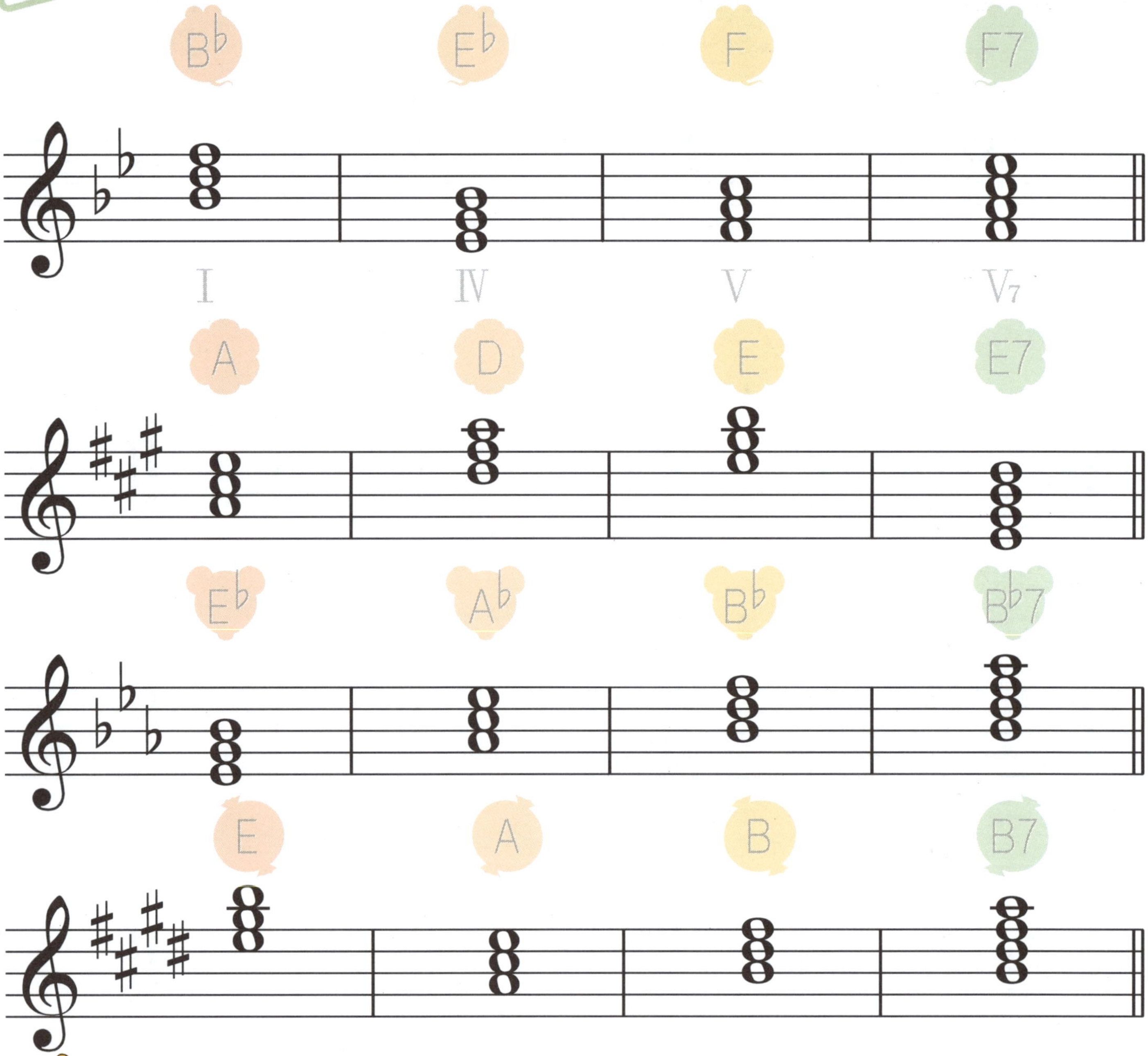

B♭   E♭   F   F7

I   IV   V   V₇

A   D   E   E7

E♭   A♭   B♭   B♭7

E   A   B   B7

룰루랄라 기초 이론

각 장조의 **주요3화음**을 코드로 써 보세요.

내림나장조→B♭ E♭ F, 내림나장조→

가장조→A D E, 가장조→

룰루랄라 계이름 공부

활용편 총정리

월 일

 주요3화음과 딸림7화음의 **고정도법 계이름**을 쓰고 **코드**를 써 보세요.

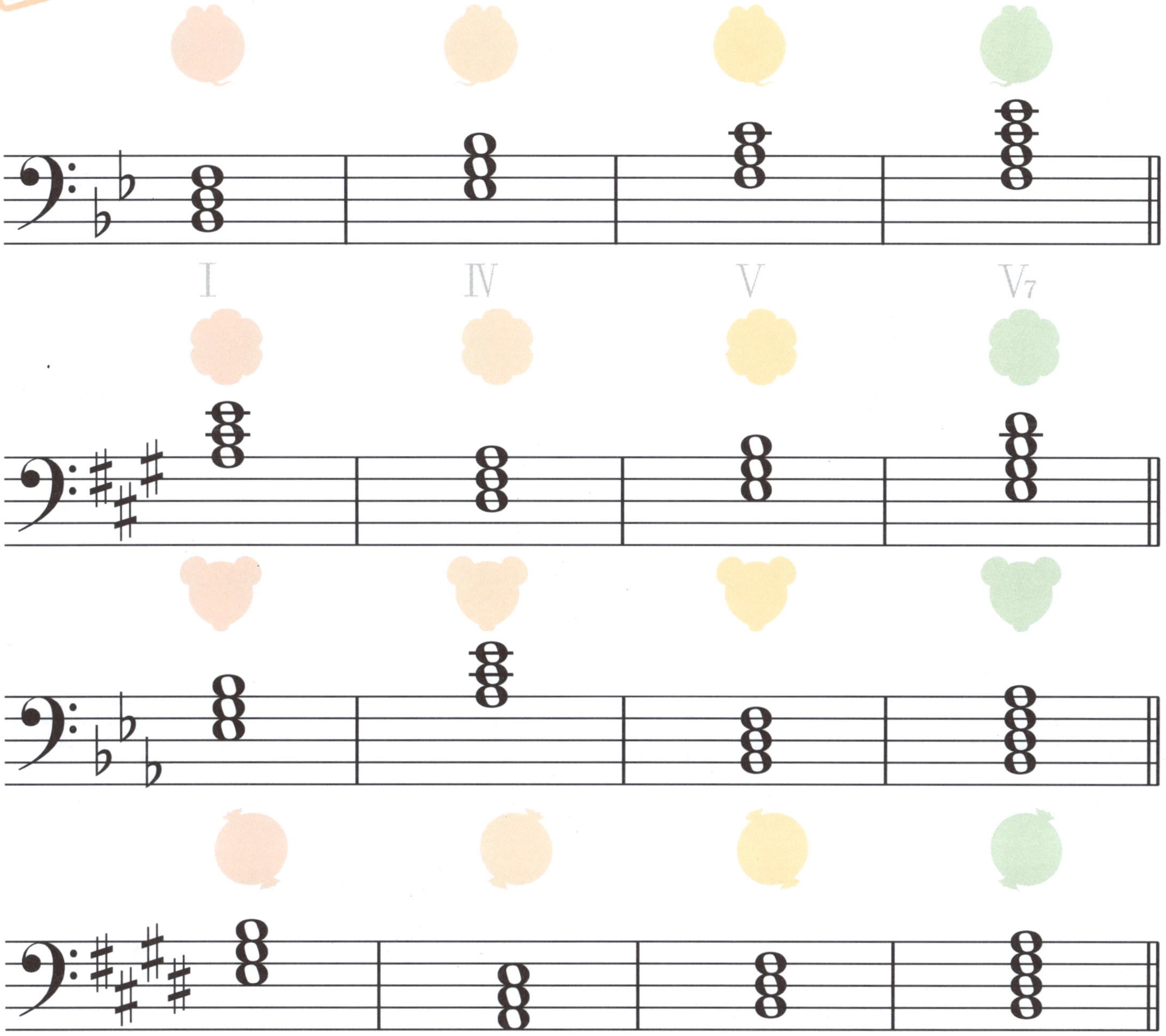

I   IV   V   V₇

룰루랄라 기초 이론

각 장조의 **주요3화음**을 코드로 써 보세요.

내림마장조→ E♭ A♭ B♭, 내림마장조→

마장조→ E A B, 마장조→

 주요3화음과 딸림7화음의 **고정도법 계이름**을 쓰고 **코드**를 따라서 써 보세요.

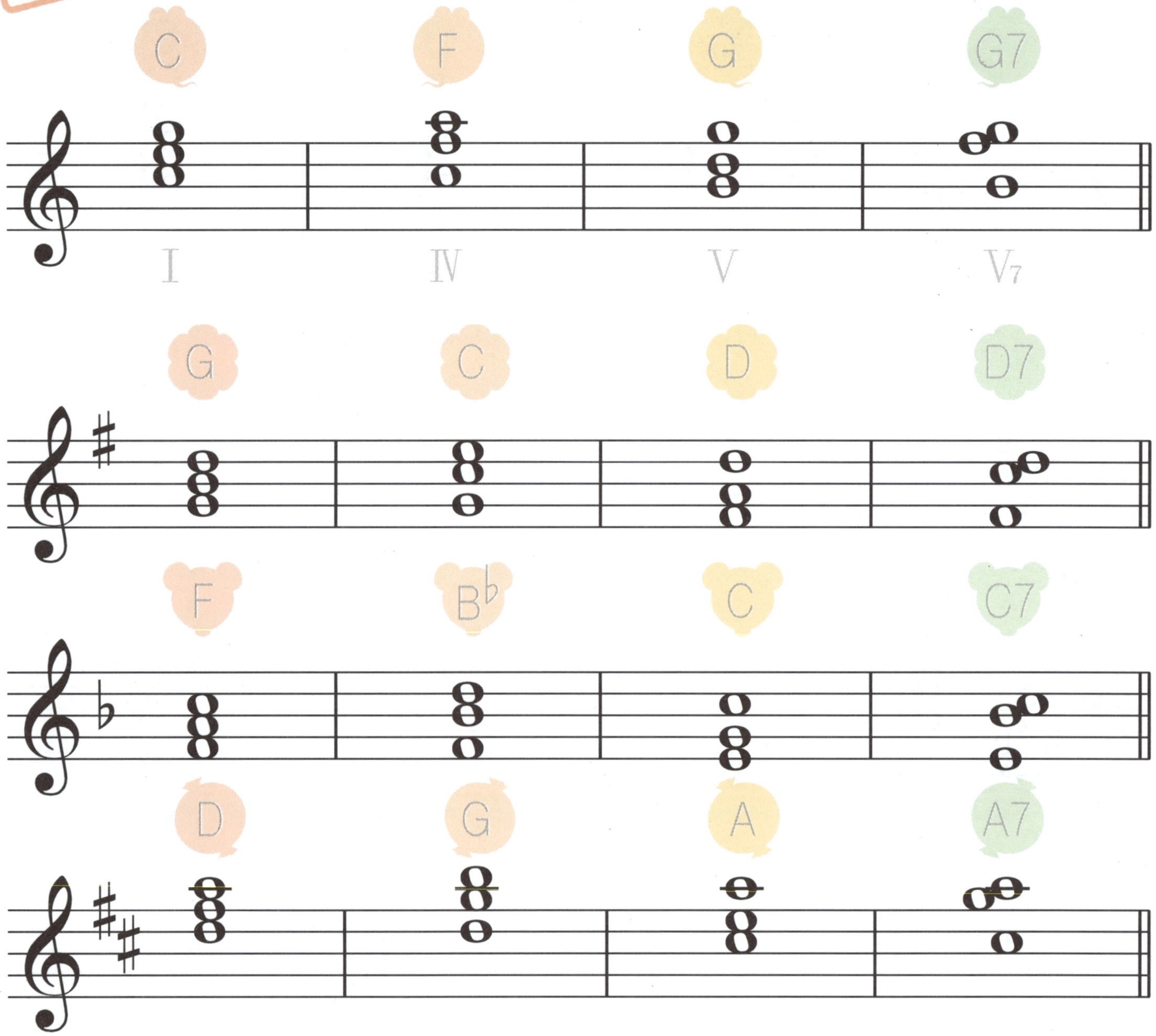

C   F   G   G7

I   IV   V   V₇

G   C   D   D7

F   B♭   C   C7

D   G   A   A7

룰루랄라 기초 이론

건반 위에 알맞은 **코드**를 써 보세요.

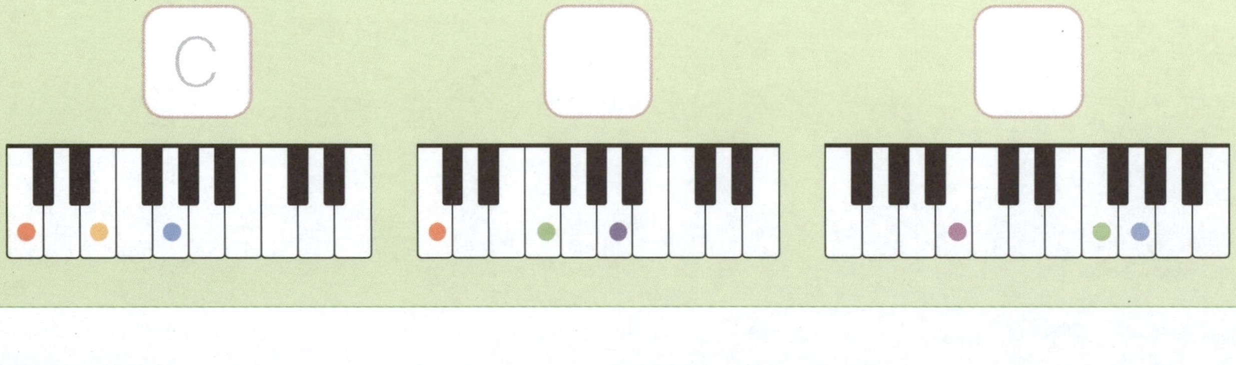

C

계이름 공부

 주요3화음과 딸림7화음의 고정도법 계이름을 쓰고 코드를 써 보세요.

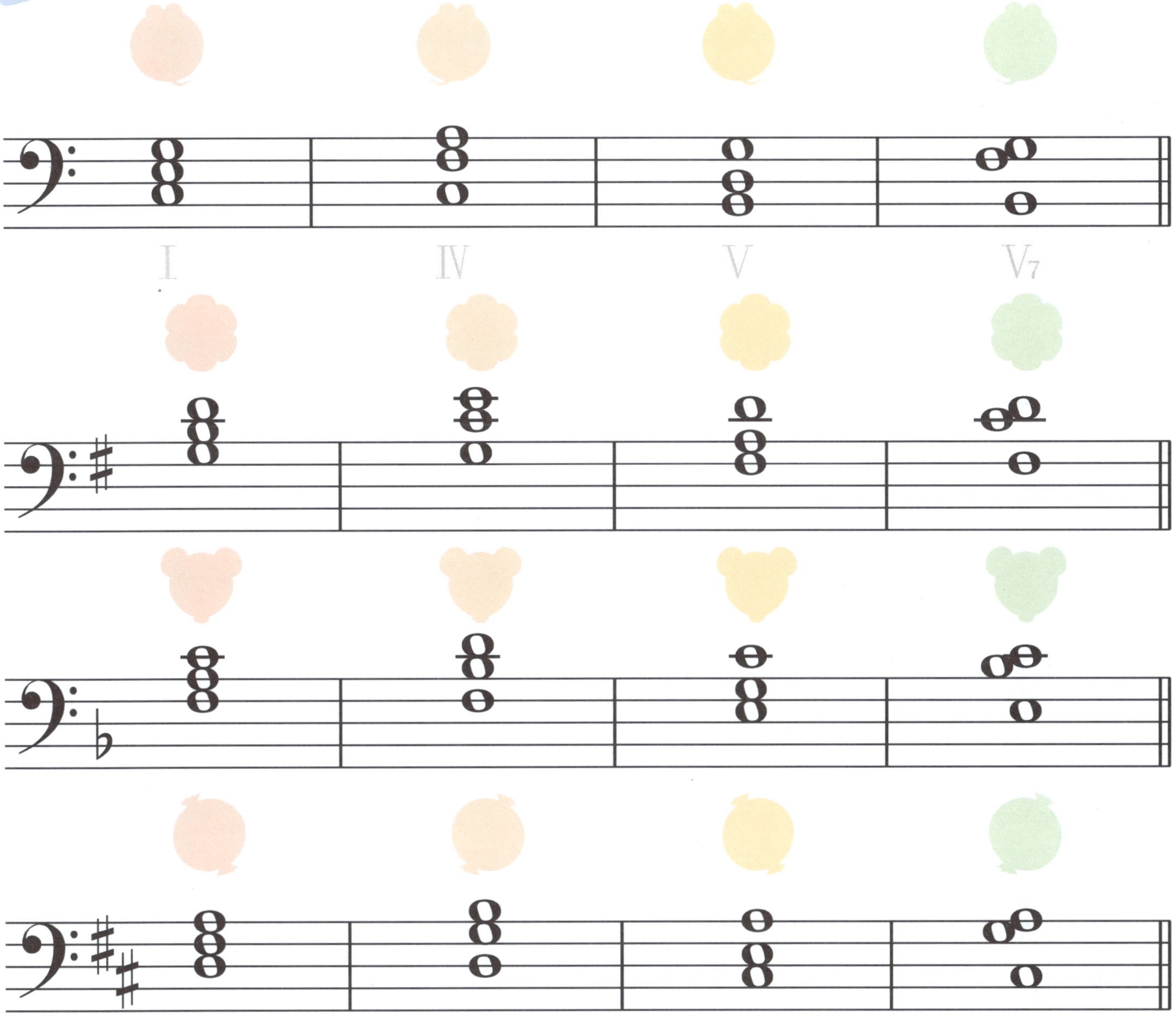

I   IV   V   V₇

룰루랄라 기초 이론

건반 위에 알맞은 코드를 써 보세요.

61

 주요3화음과 딸림7화음의 **고정도법 계이름**을 쓰고 **코드**를 따라서 써 보세요.

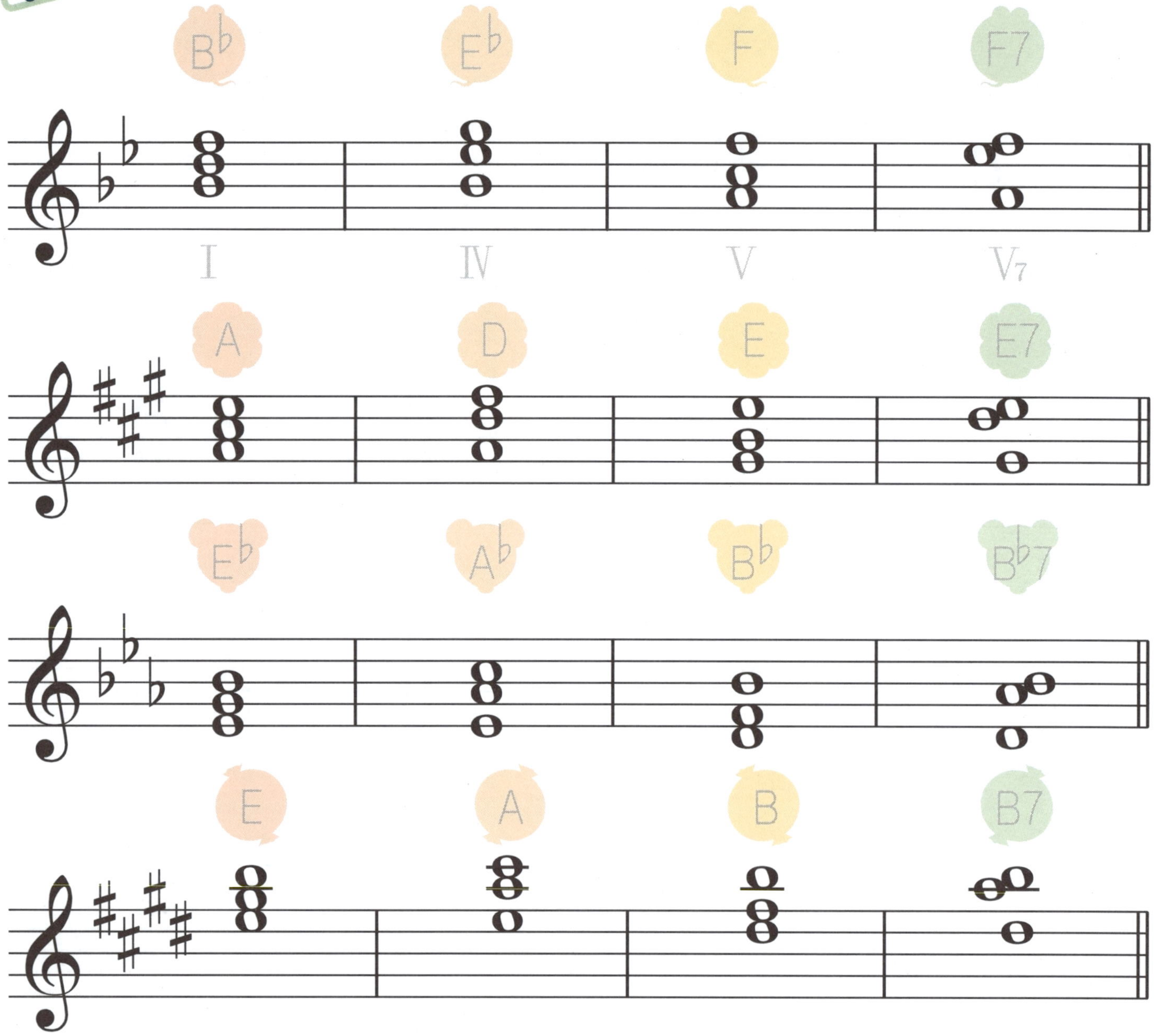

| B♭ | E♭ | F | F7 |

I　　IV　　V　　V₇

| A | D | E | E7 |

| E♭ | A♭ | B♭ | B♭7 |

| E | A | B | B7 |

룰루랄라 기초 이론

건반 위에 알맞은 **코드**를 써 보세요.

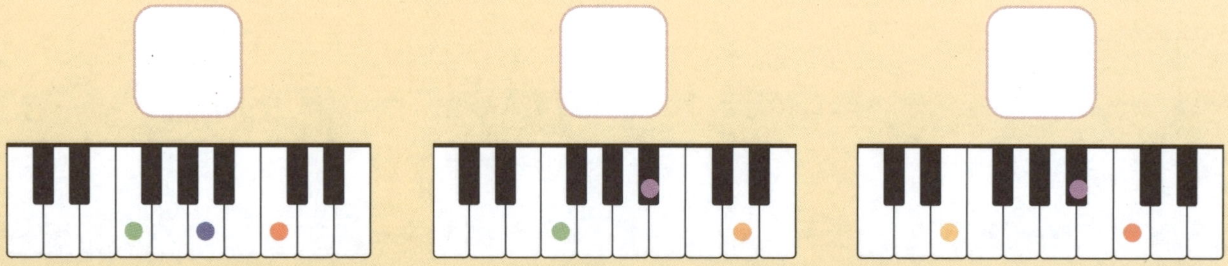

 주요3화음과 딸림7화음의 **고정도법 계이름**을 쓰고 **코드**를 써 보세요.

I   IV   V   V₇

룰루랄라 기초 이론

건반 위에 알맞은 **코드**를 써 보세요.

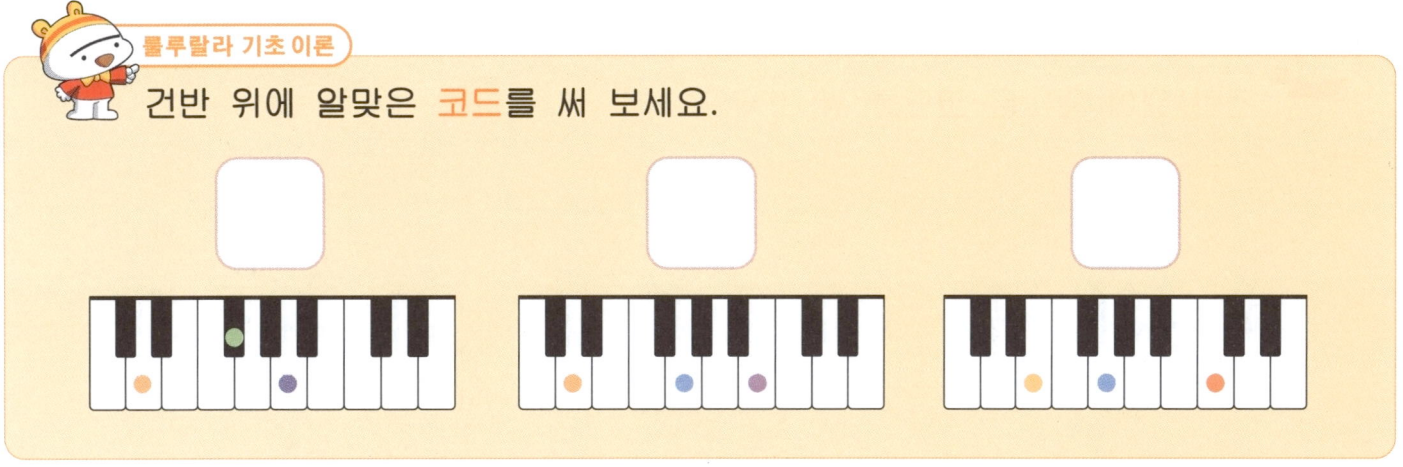

63

 주요3화음과 딸림7화음의 **고정도법 계이름**을 쓰고 **코드**를 따라서 써 보세요.

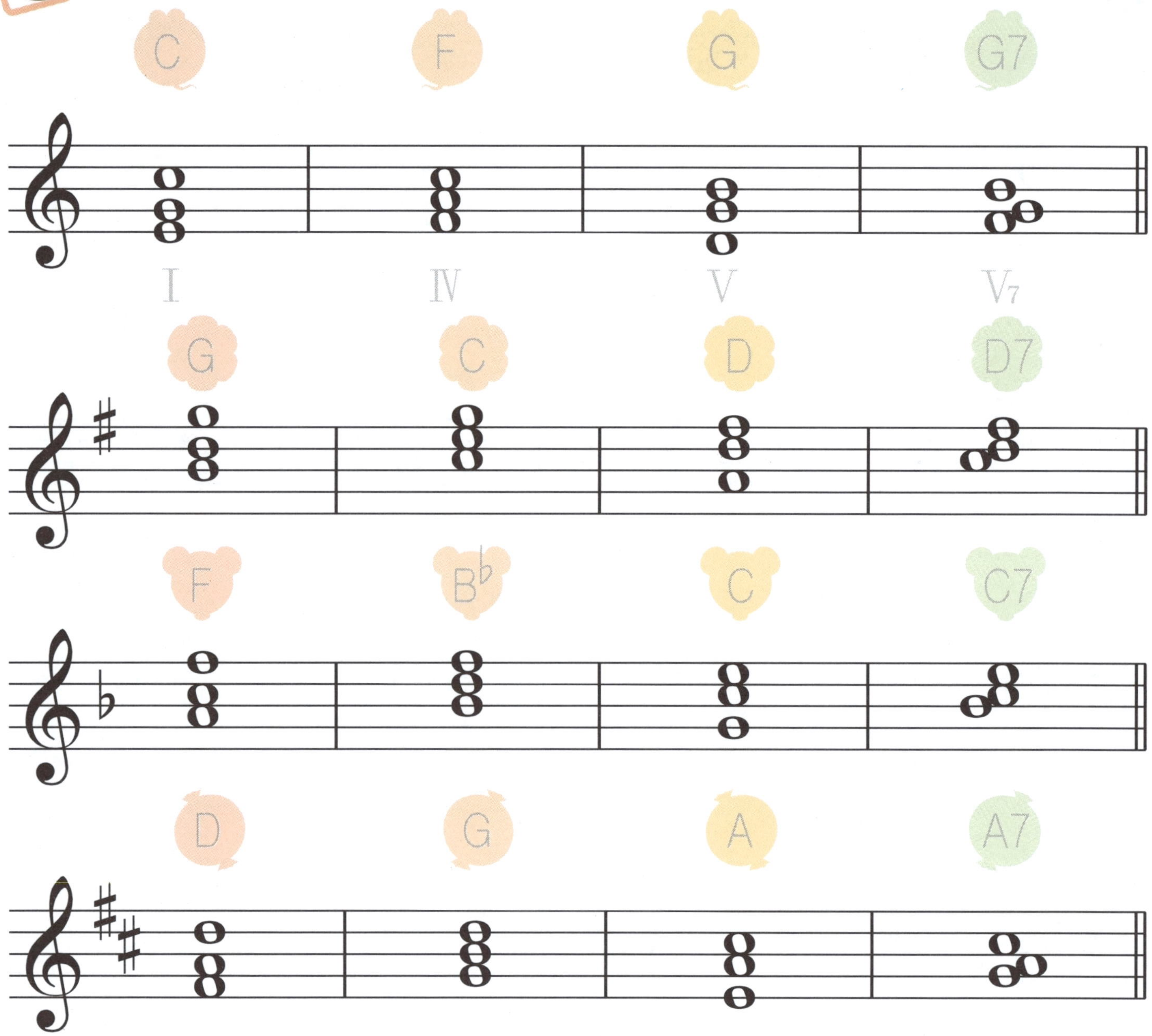

C   F   G   G7

I   IV   V   V$_7$

G   C   D   D7

F   B♭   C   C7

D   G   A   A7

룰루랄라 기초 이론

건반 위에 알맞은 **코드**를 써 보세요.

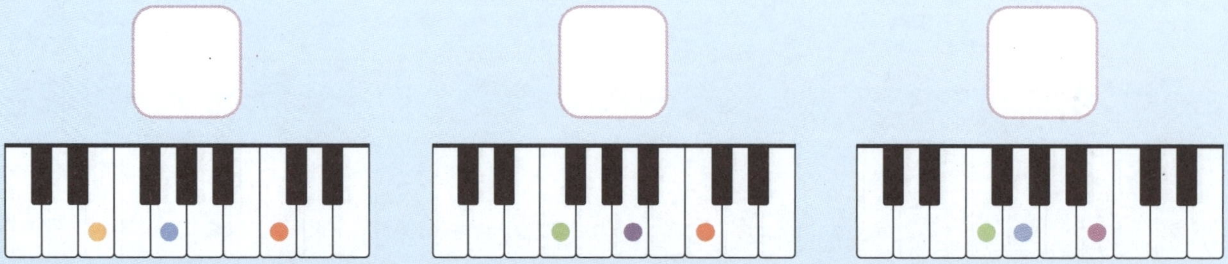

 주요3화음과 딸림7화음의 **고정도법 계이름**을 쓰고 **코드**를 써 보세요.

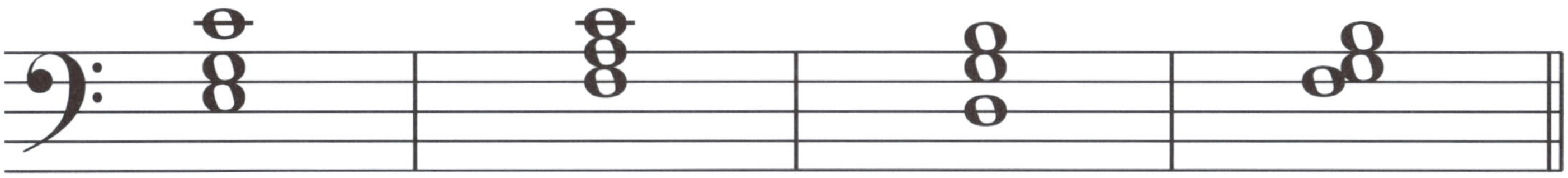

I IV V V₇

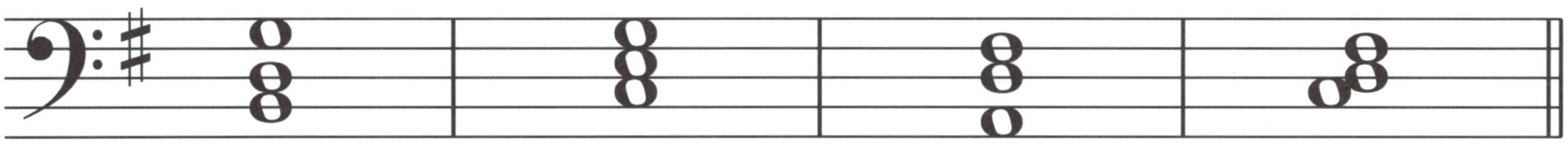

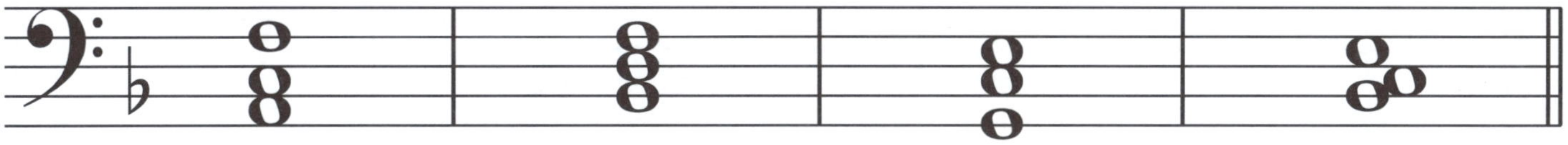

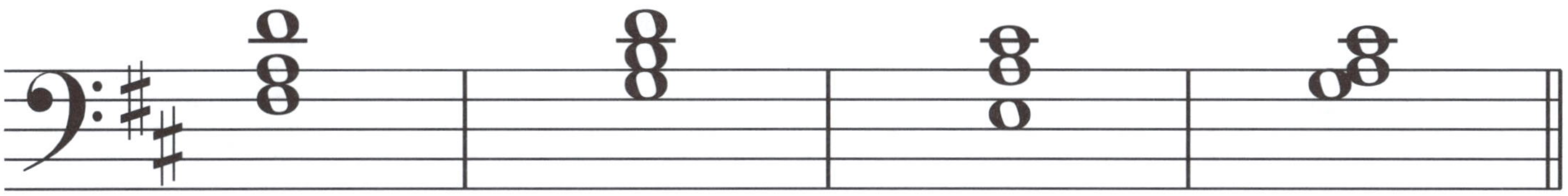

룰루랄라 기초 이론

건반 위에 알맞은 **코드**를 써 보세요.

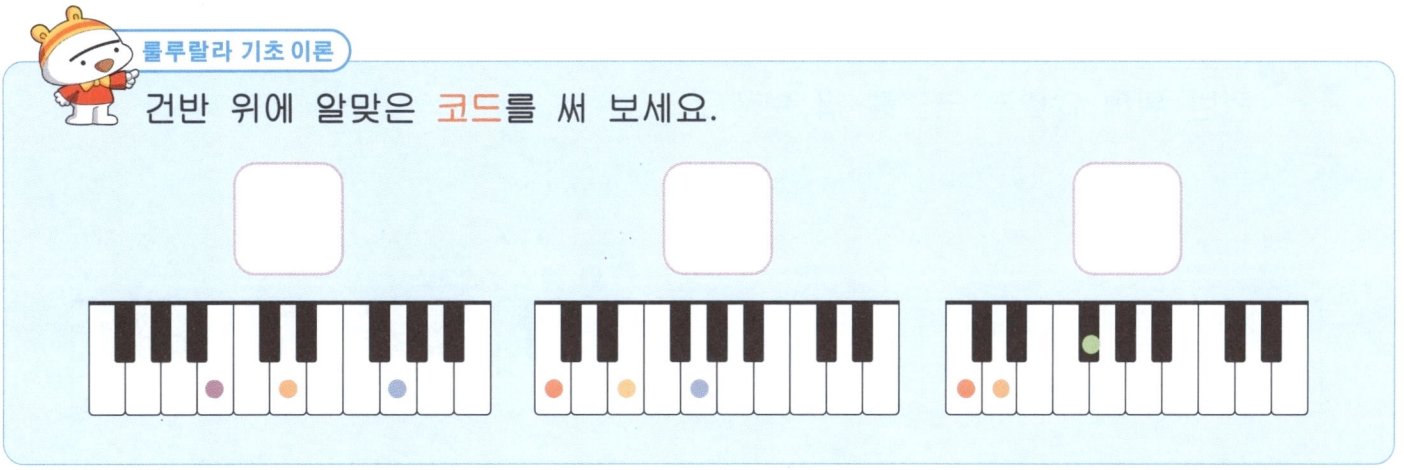

 주요3화음과 딸림7화음의 **고정도법** 계이름을 쓰고 **코드**를 따라서 써 보세요.

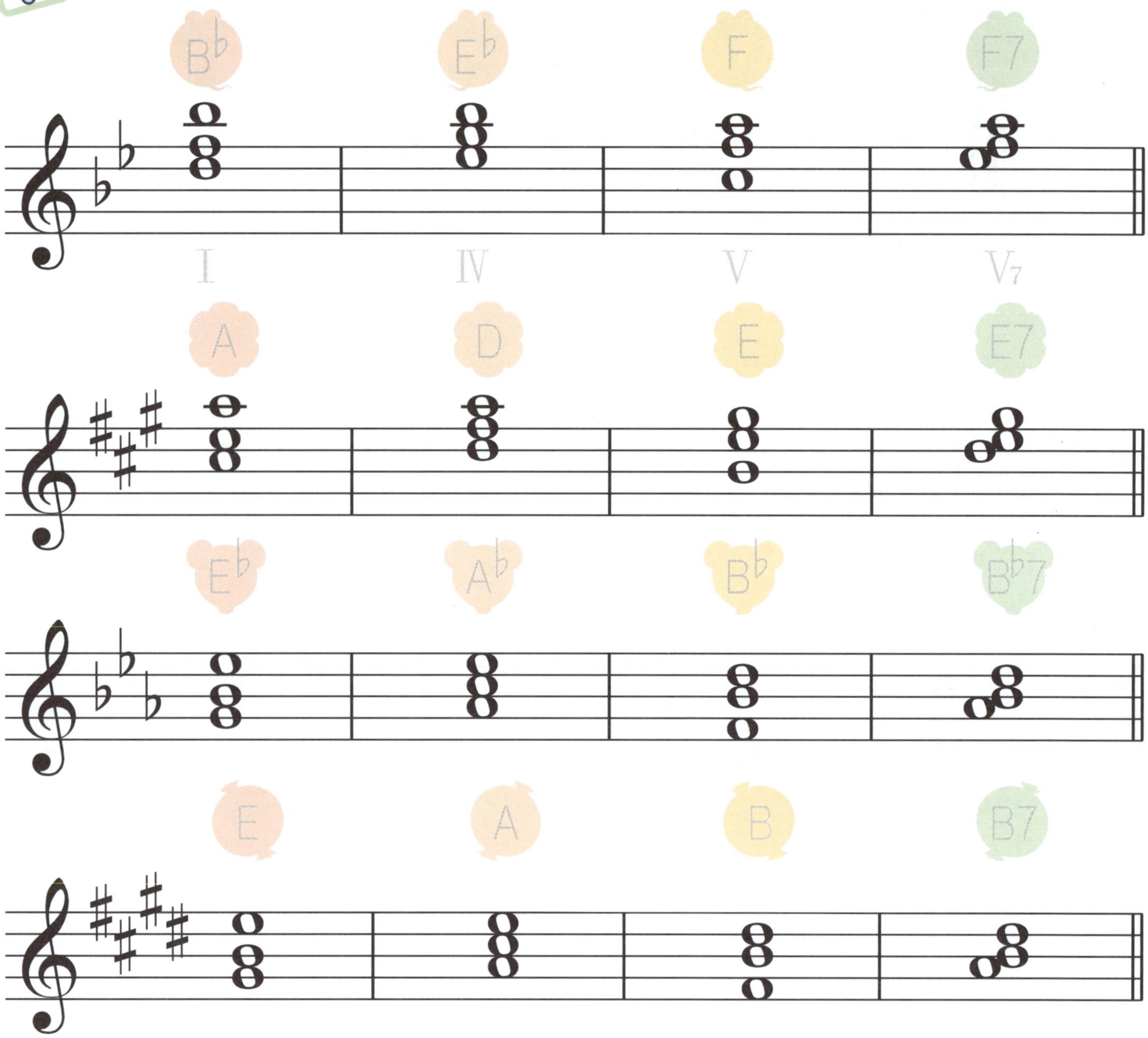

Bb   Eb   F   F7

Ⅰ   Ⅳ   Ⅴ   Ⅴ7

A   D   E   E7

Eb   Ab   Bb   Bb7

E   A   B   B7

룰루랄라 기초 이론

건반 위에 알맞은 **코드**를 써 보세요.

룰루랄라
계이름 공부

월 | 일

 주요3화음과 딸림7화음의 **고정도법 계이름**을 쓰고 **코드**를 써 보세요.

I   IV   V   V₇

룰루랄라 기초 이론

건반 위에 알맞은 **코드**를 써 보세요.

 주요3화음과 딸림7화음의 **고정도법 계이름**을 쓰고 **코드**를 따라서 써 보세요.

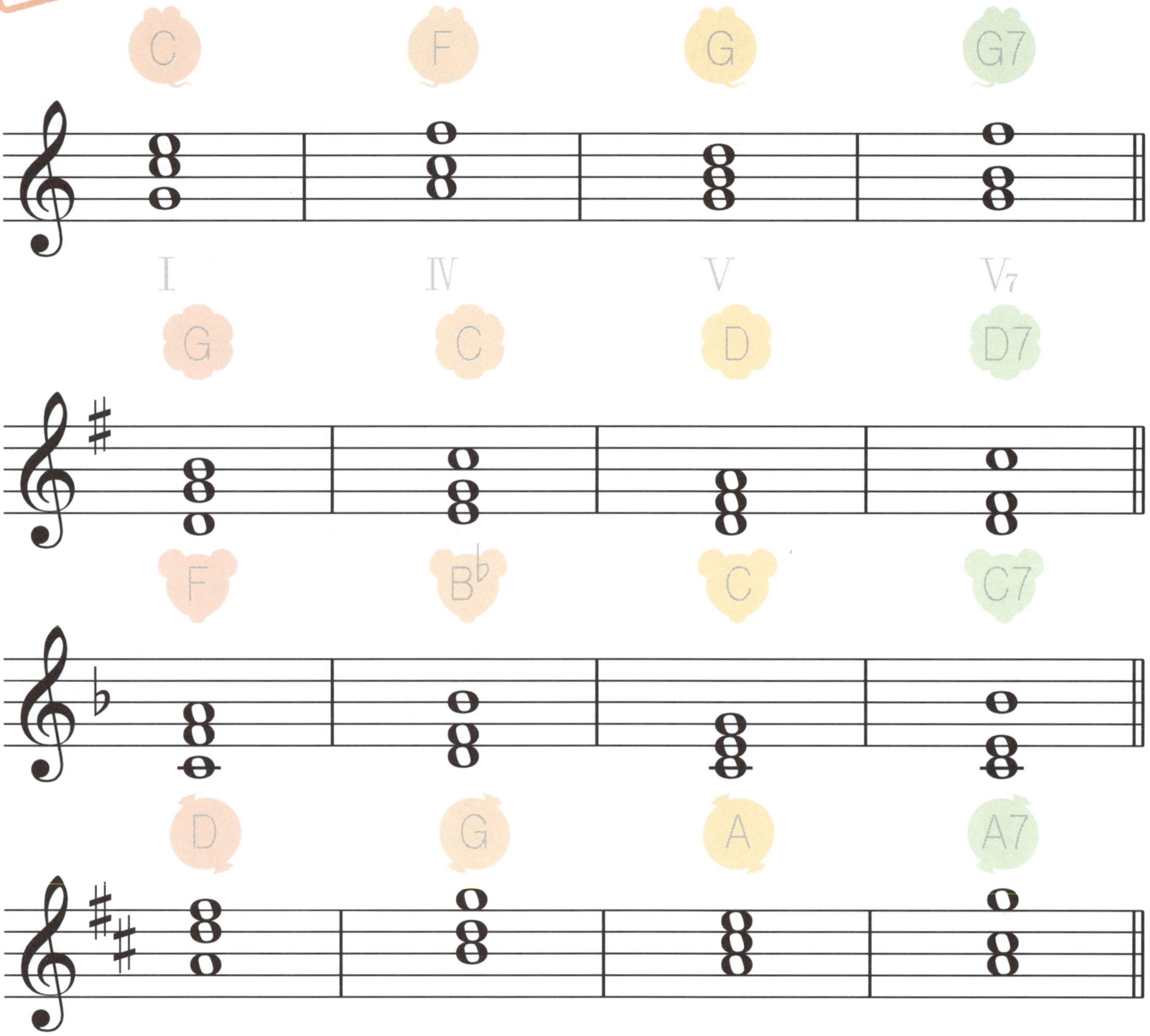

C   F   G   G7

I   IV   V   V₇

G   C   D   D7

F   B♭   C   C7

D   G   A   A7

룰루랄라 기초 이론

건반 위에 알맞은 **코드**를 써 보세요.

 주요3화음과 딸림7화음의 고정도법 계이름을 쓰고 코드를 써 보세요.

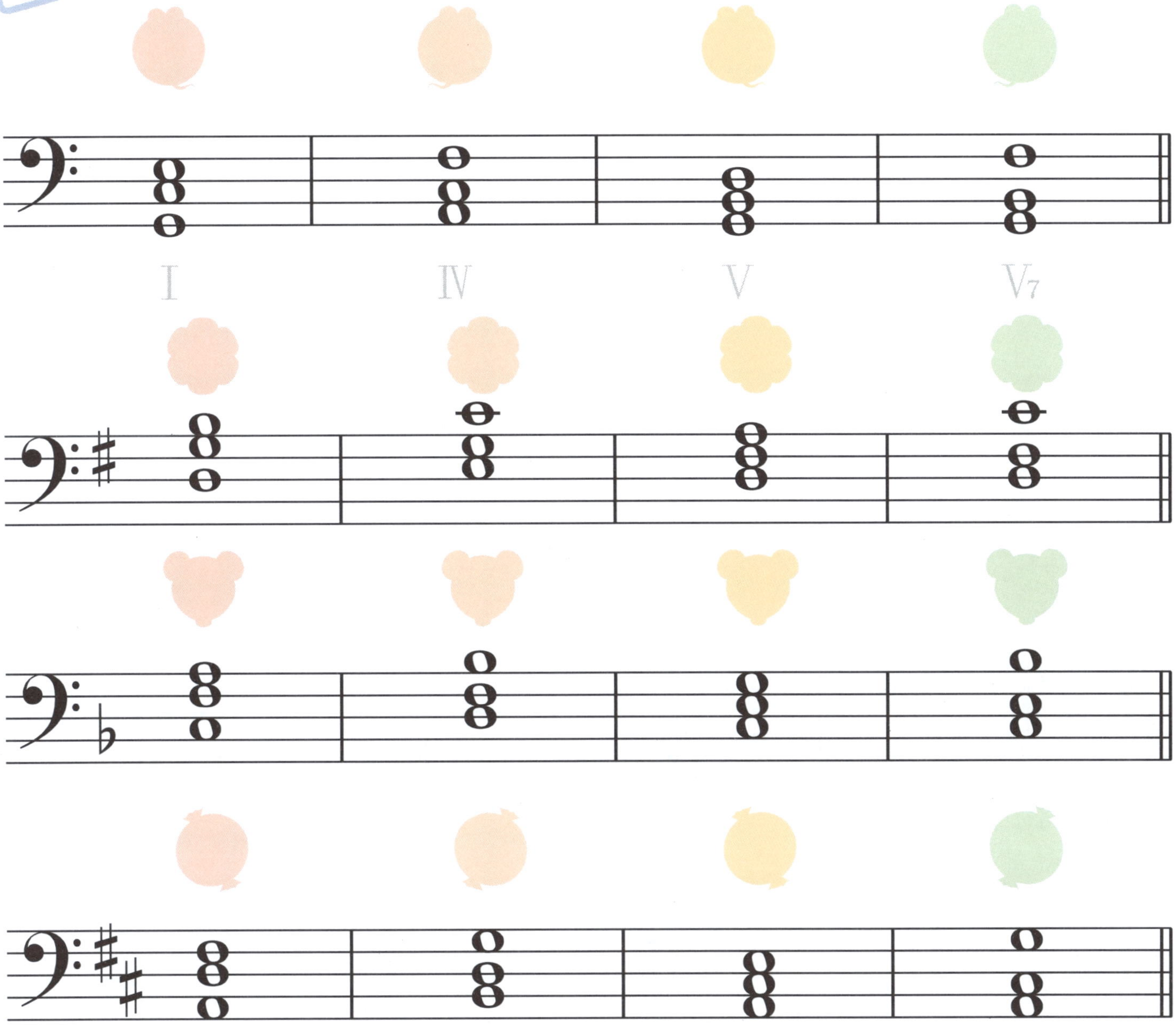

I   IV   V   V₇

룰루랄라 기초 이론

건반 위에 알맞은 코드를 써 보세요.

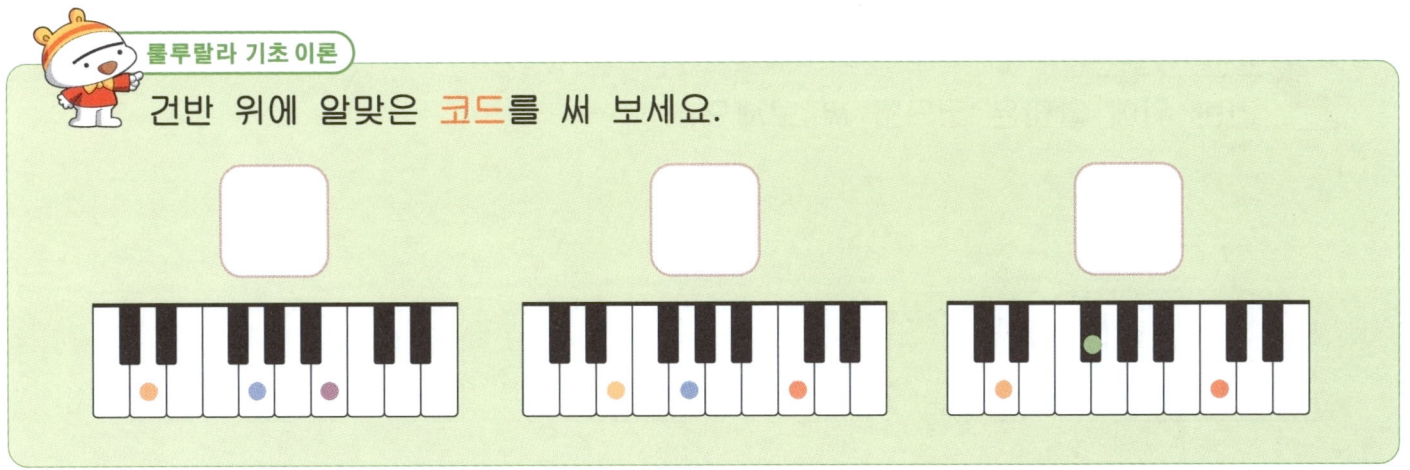

 주요3화음과 딸림7화음의 **고정도법 계이름**을 쓰고 **코드**를 따라서 써 보세요.

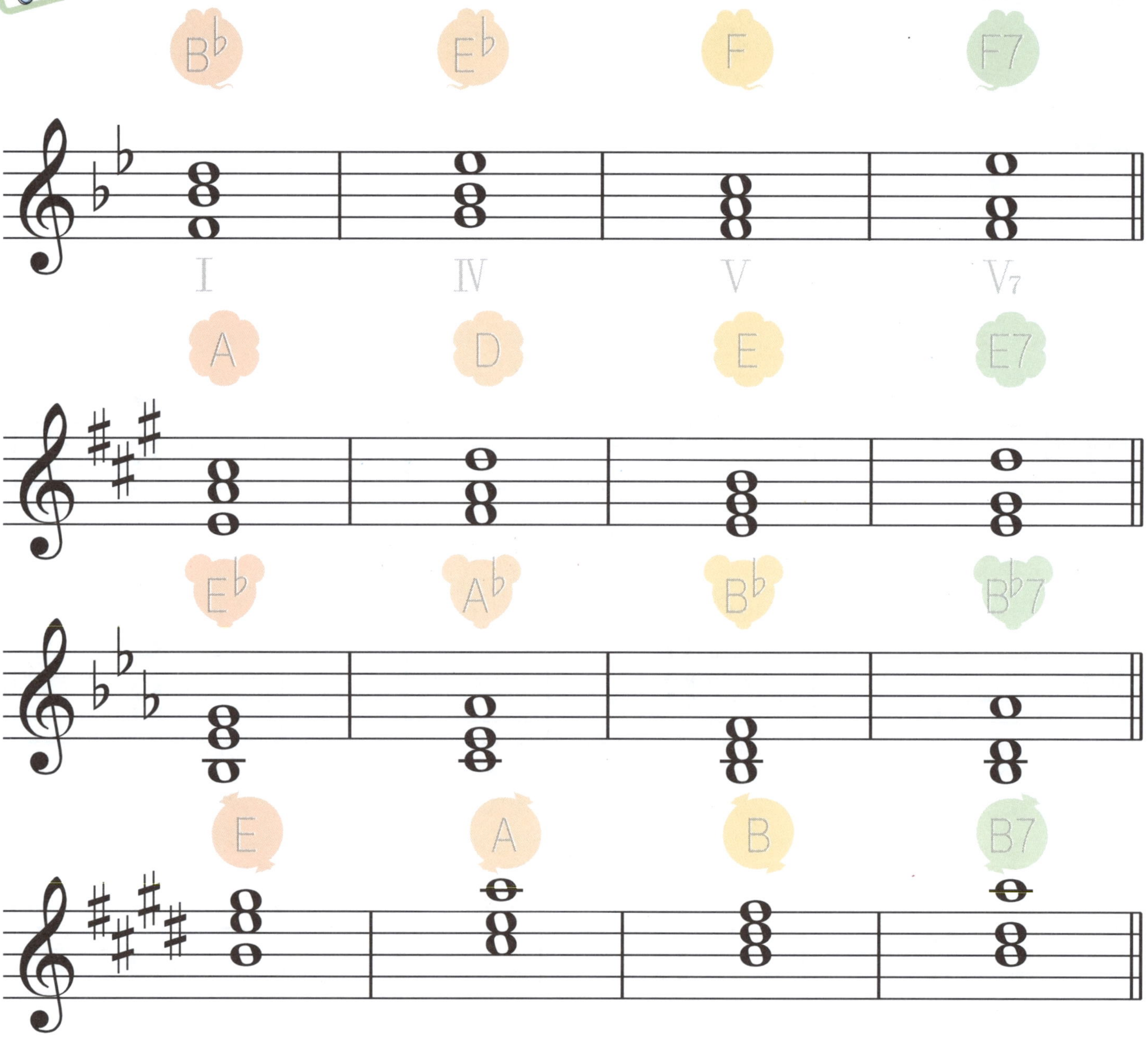

B♭   E♭   F   F7

I   IV   V   V₇

A   D   E   E7

E♭   A♭   B♭   B♭7

E   A   B   B7

룰루랄라 기초 이론

건반 위에 알맞은 **코드**를 써 보세요.

룰루랄라 계이름 공부

주요3화음과 딸림7화음의 **고정도법 계이름**을 쓰고 **코드**를 써 보세요.

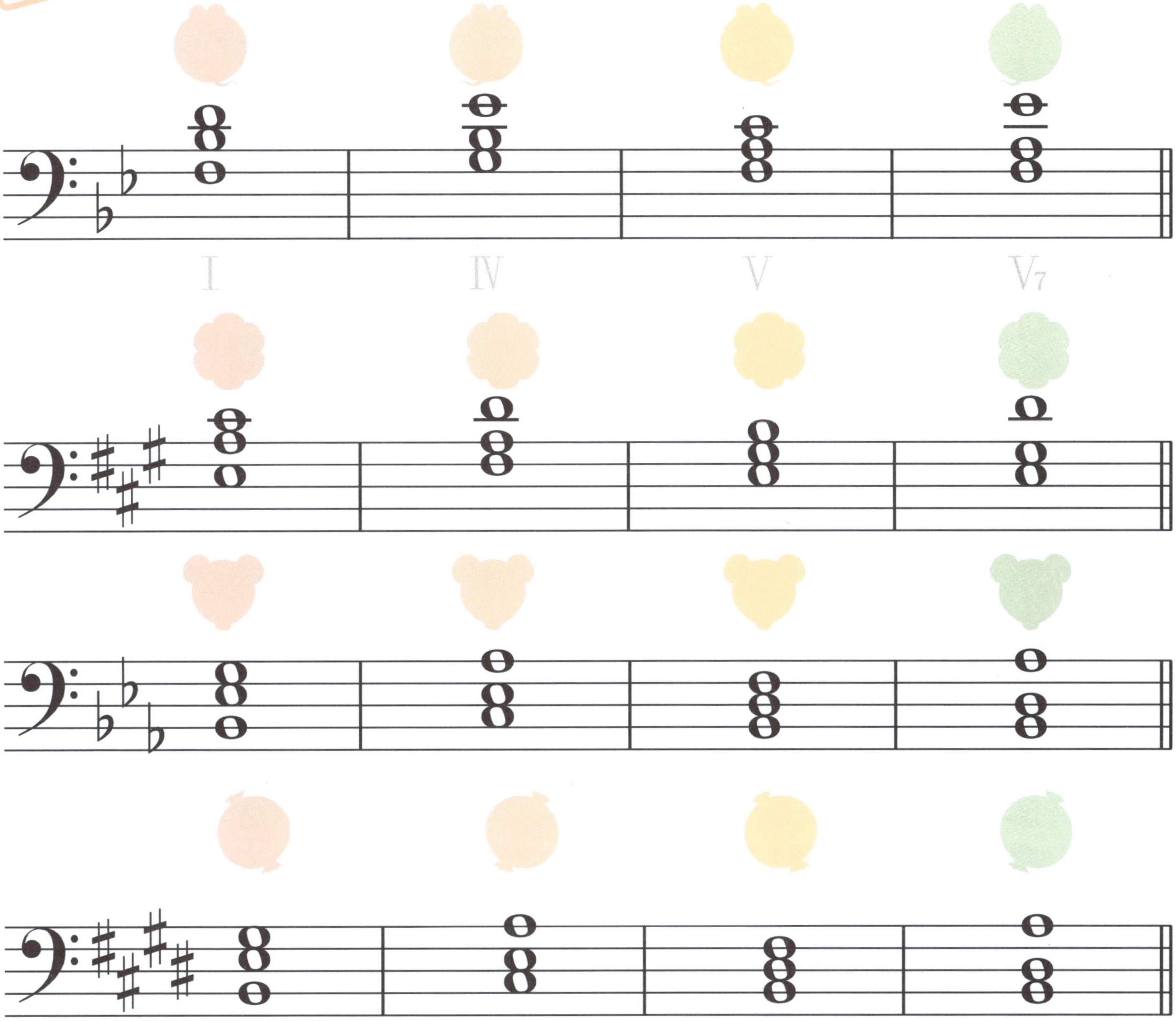

I IV V V₇

룰루랄라 기초 이론

건반 위에 알맞은 **코드**를 써 보세요.

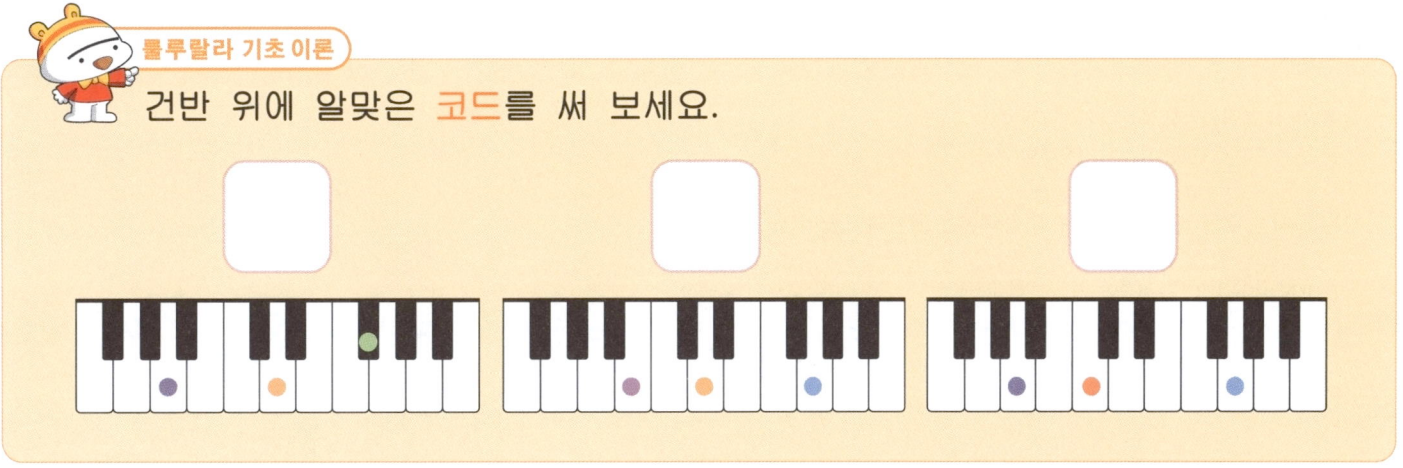

발행처 아름출판사
주 소 경기도 고양시 덕양구 독곳이길 171(주교동)
　　　　http://www.armusic.co.kr
전 화 (031)977-1881~2(영업부)
　　　　(031)977-1883~4(편집부)
팩 스 (031)977-1885
등 록 1987년 12월 9일 제2001-7호

편저자 아름뮤직아카데미
발행인 성강환
편집인 편집부

판 권
AR
소　유

표지 : 그림/손정석, 디자인/박종우
본문 : 그림/손정석, 디자인/박종우

ISBN 89-8377-852-9
　　　89-8377-840-6(세트)